AF500076

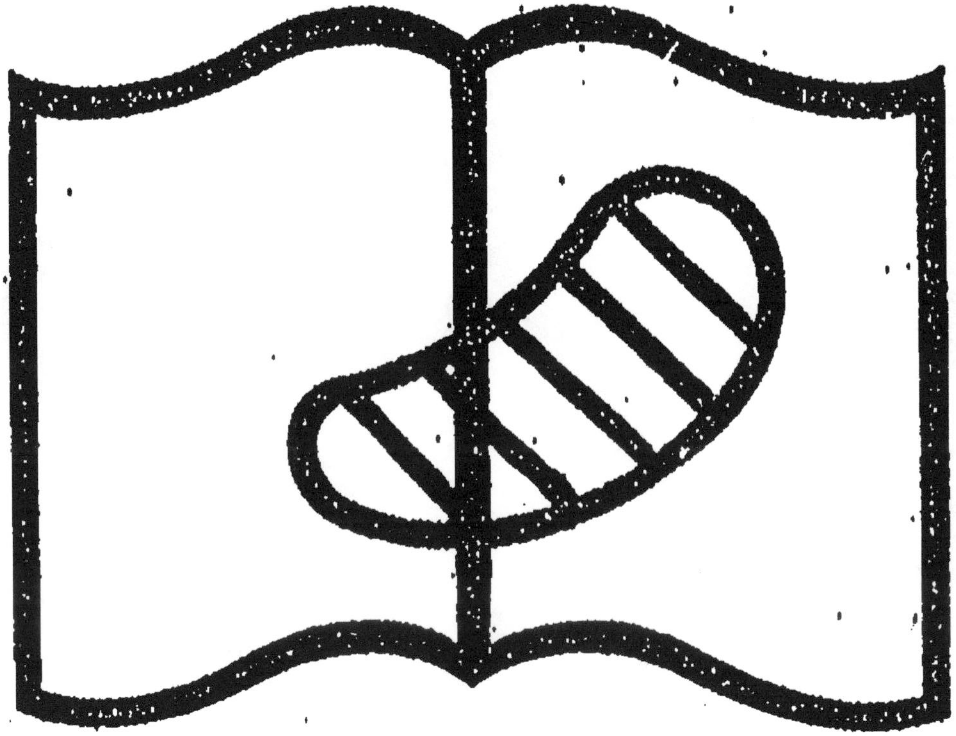

Couverture supérieure manquante

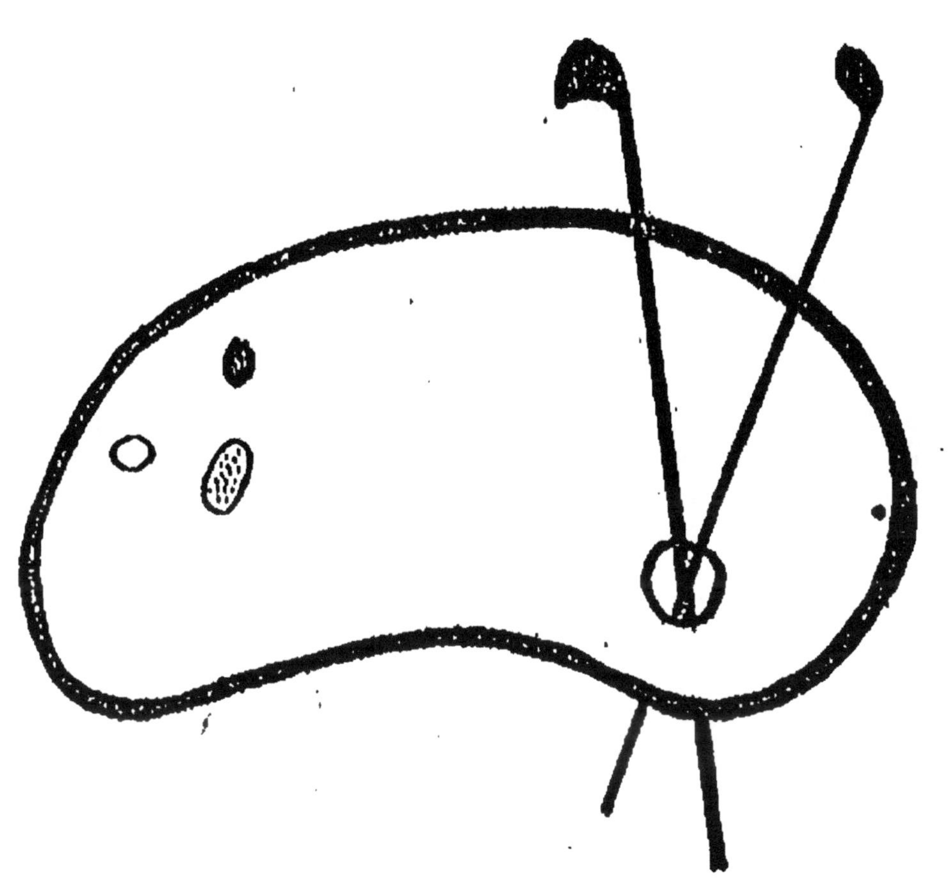

BIBLIOTHÈQUE DÉMOCRATIQUE

1re SÉRIE

1. NAPOLÉON, par Louis BLANC.
2. LES PAYSANS, par Alphonse ESQUIROS.
3. LES JÉSUITES, par A. ANDRÉI.
4. LES ORIGINES DE LA RÉVOLUTION, par Ernest HAMEL.
5. 6. LES HOMÉLIES DE VOLTAIRE, par Victor POUPIN.
7. LE DEUX DÉCEMBRE A PARIS, par Victor SCHŒLCHER.
8. SCIENCE ET CONSCIENCE, par L. VIARDOT.
9. LE LIVRE DES FEMMES, par Léon RICHER.
10. LA POLITIQUE AU VILLAGE, par M.-L. GAGNEUR.

2e SÉRIE

1. LES PRINCES D'ORLÉANS, par Victor POUPIN.
2. LA PROPRIÉTÉ, LA FAMILLE ET LE CHRISTIANISME, par SCHŒLCHER.
3. JEANNE DARC, par Henri MARTIN.
4. LA COMMUNE DE MALENPIS, par André LÉO.
5. 6. L'OPPOSITION ET L'EMPIRE, par GARNIER-PAGÈS.
7. LES SOCIÉTÉS OUVRIÈRES, par Martin NADAUD.
8. LA FEMME EN FRANCE AU XIXe SIÈCLE, par LEGOUVÉ.
9. L'INSTRUCTION GRATUITE ET OBLIGATOIRE, par Jules SIMON.
10. LE DROIT DIVIN, par Victor POUPIN.

Pour recevoir chaque ouvrage *franco par le retour du courrier*, il suffit d'envoyer 60 centimes en timbres-poste *à* M. M. BLANC, 54, *rue Dombasle, à Paris*.

Paris-Vaugirard. — Typ. N. Blanpain, 7, rue Jeanne.

LA FAMILLE, LA PROPRIÉTÉ

ET

LE CHRISTIANISME

BIBLIOTHÈQUE DÉMOCRATIQUE

VICTOR SCHŒLCHER

LA FAMILLE, LA PROPRIÉTÉ ET LE CHRISTIANISME

PARIS

LIBRAIRIE DE LA BIBLIOTHÈQUE DÉMOCRATIQUE

9, PLACE DES VICTOIRES, 9

1875

BIBLIOTHÈQUE DÉMOCRATIQUE

VICTOR [illegible]

LE CHRISTIANISME

LA FAMILLE, LA PROPRIÉTÉ

PARIS

LIBRAIRIE DE LA BIBLIOTHÈQUE DÉMOCRATIQUE

8, PLACE DES VOSGES, 8

[illegible]

VICTOR SCHŒLCHER

Auteur de l'un de nos volumes les plus appréciés, *le Deux Décembre*, Victor Schœlcher nous donne un second ouvrage dont le succès est également assuré.

Ce livre : *la Famille, la Propriété et le Christianisme*, est une œuvre d'érudition et de haute critique.

Les lecteurs désireux de consulter la notice biographique de Victor Schœlcher, se reporteront au seizième volume de la *Bibliothèque Démocratique*. Un mot seulement. Notre collaborateur a publié dernièrement, à propos de certains abus dans les Colonies, une brochure éditée par A. Le Chevalier, et dans laquelle on retrouve à chaque page son ardent amour de la justice.

On sait que Victor Schœlcher a saisi de nouveau l'Assemblée nationale actuelle d'un projet de loi sur l'abolition de la peine de mort. La Démocratie applaudit à cette grande pensée. Puisse Victor Schœlcher obtenir en 1873 un vote favorable, de même qu'il eut l'honneur de faire proclamer en 1848 l'abolition de l'esclavage !

Enfin, notre cher et honoré collaborateur veut bien nous promettre, pour paraître prochainement, un troisième volume : *la Morale indépendante*, où seront exposés, en dehors de tout dogme religieux, les principes immuables et sacrés de la dignité personnelle et de la solidarité humaine.

VICTOR POUPIN.

LA FAMILLE, LA PROPRIÉTÉ

ET

LE CHRISTIANISME

LA FAMILLE.

I

Les faux dévots s'acharnent à nous représenter, nous les radicaux, comme des ennemis de la famille et de la propriété; c'est un de leurs principaux moyens d'exciter contre nous la haine des gens peu réfléchis.

Ainsi faisaient déjà leurs dévanciers sous la République de 1848, ainsi ne manque jamais de faire M. Dupanloup dans tous ses pamphlets.

Malheureusement, quelques dévots sincères, quelques hommes honnêtes les croient et se laissent persuader que nos doctrines mettent la société en péril. Nous voulons leur démontrer qu'on les trompe. Nous nous proposons de prouver que si la famille et la propriété n'étaient point des vérités sociales que rien au monde ne peut ébranler, jamais doctrines ne leur auraient porté de coups plus mortels que celles de la religion chrétienne.

A la famille d'abord : les *Conférences ecclésiastiques du diocèse d'An-*

gers (1), tenues au milieu du dernier siècle, forment un véritable répertoire des principes de l'Église. Nous y lisons :

« Les enfants *sont dispensés d'obéir à leurs parents* quand ils leur commandent des choses contraires aux lois de l'Église. » (*Conférences sur les commandements de Dieu*, tome II, p. 148.)

Dans ces trois lignes, il y a assez pour ruiner toute autorité paternelle et déchirer la famille. Nous y lisons encore :

(1) Rédigées par M. Babin, doyen de la Faculté de théologie d'Angers, par l'ordre de monseigneur l'illustrissime et révérendissime Jean de Vaugirard, évêque d'Angers. 24 vol. in-8. Paris, 1778.

Ce « monseigneur l'illustrissime et révérendissime » a un caractère d'humilité touchante.

« Si les enfants des juifs ou infidèles sont en péril évident de mort et tout à fait désespérés, *on doit les baptiser*, si on le peut faire sans violence et sans scandale. Si ces enfants ne périssent pas, ceux qui les ont baptisés doivent veiller, autant qu'ils pourront, sur leur conduite et en prendre un soin extraordinaire, *les séparant d'avec leurs parents*, de crainte qu'ils ne soient pervertis.

« Le quatrième concile de Tolède (canon 60) l'avait ordonné à l'égard des enfants juifs que le roi Sisebut *avait forcés à se faire chrétiens*... On peut aussi baptiser, *contre la volonté des pères et des mères* qui sont esclaves, les enfants qui naissent d'eux pendant leur esclavage, si le maître de ces enfants y consent, parce que ces enfants ne sont pas en la puissance de leurs parents, mais sous celle de leur maître. » (*Conférences*, etc., vol., *sur les sacrements*, 1re partie, p. 170 et 171.)

On vient de le lire, point d'équivoque, point de doute possibles, la décision du diocèse d'Angers assemblé en *conférences ecclésiastiques* est formelle : « parce que *ces enfants ne sont pas en la puissance de leurs parents*, *mais sous celle de leur maître.* » L'Église, qui ne s'est jamais fait scrupule de posséder des esclaves, qui partout et toujours a sanctionné l'esclavage, en adopte ici l'abus le plus immoral, celui qui viole tous les sentiments de la nature ; elle reconnaît que les enfants des esclaves n'appartiennent pas à leurs parents, qu'ils appartiennent au maître, comme les petits de ses chiens. Un père et une mère juifs, qu'ils soient esclaves ou non, ont un cœur; vous le percez, lorsque vous faites de leur nouveau-né un chrétien. Cette chère créature de leurs entrailles que vous enlevez au culte de Moïse, elle est, selon leur foi, perdue en ce monde et dans l'autre. Qu'importe! pour l'Église, il n'y a ni père ni mère, ni fils ni fille parmi les esclaves. Et certaines gens, qui, en cette matière, n'ont pas l'excuse de l'ignorance, répètent que c'est au christianisme qu'on doit l'abolition de l'esclavage et le respect de la famille !

Le quatrième concile de Tolède (an 633), que l'on vient de citer, n'en est pas le seul témoignage ; le 8e canon du septième concile de la même ville (an

649) « condamne tous les juifs d'Espagne à être dépouillés de leurs biens et réduits *en servitude perpétuelle*, à la charge que ceux dont ils seront esclaves ne leur permettront point de pratiquer leurs cérémonies, et *qu'ils leur ôteront leurs enfants, à l'âge de sept ans*, pour être élevés chrétiennement et ensuite mariés à des chrétiens. » (P. Richard, *Analyse des conciles.* Paris, 1772.)

De pareils canons acquièrent une autorité lamentable pour les chrétiens honnêtes, sincères, qui, croyant sérieusement à l'Évangile, se rappellent les paroles de Jésus à ses disciples : « Partout où vous serez réunis en mon nom, je serai avec vous. »

C'est à ce titre que les décrets des conciles firent toujours loi pour la chrétienté ; Jésus-Christ serait avec les évêques qui « s'assemblent en son nom » après avoir invoqué les lumières du Saint-Esprit. Si cela était vrai, nous devrions donc croire que Jésus Christ a voulu un jour que « les juifs d'Espagne fussent réduits en esclavage perpétuel, et que leurs enfants leur fussent enlevés à l'âge de sept ans »! Est-ce possible, quoi qu'en puisse dire l'Église?

Dans son assemblée générale de 1775, le clergé de France se plaignait hautement *qu'on laissât les enfants protestants à leurs mères*. (Cité par M. Bouteville, *la Morale de l'Église et la Morale naturelle*, page 128.) Un homme dont la religion fit un monstre, Louis XIV, avait voulu prévenir cette plainte : par un édit du 17 juin 1682, il déclara que

« les enfants protestants avaient le « droit de se *convertir à l'âge de sept* « *ans*, et que leurs parents étaient te- « nus de leur fournir une pension ali- « mentaire dans le cas où *ces convertis* « *jugeraient bon* pour leur salut de « choisir leur domicile chez des catho- « liques, » c'est-à-dire en réalité lors- qu'on les arrachait à leurs parents.

Aujourd'hui même, pas plus qu'aux siècles de barbarie, les liens du sang ne paraissent sacrés aux prétendus défenseurs de la famille. Qui ne le sait? Pie IX, il y a quelques années, enleva violemment le jeune Mortara à son père et à sa mère, sous prétexte qu'ayant été baptisé par une servante, il appartenait à la sainte Église! Jamais peut-être l'impuissance du catholicisme comme agent moralisateur n'éclata davantage que dans ce rapt odieux; car il a été approuvé, justifié par tous les journaux catholiques, dans tous les pays catholiques. Oui, et des pères, des mères, qui seraient saisis de désespoir à la seule idée de se voir voler leur enfant, appellent encore chaque jour, aveuglés qu'ils sont par leur foi, l'exécrable ravisseur de l'enfant Mortara un « saint et vénérable vieillard ».

II

Chose étrange! ceux qui osent faire de nous des hommes dénaturés et prétendent nous enseigner le respect de la famille, affectent d'appeler « la parole de Dieu », l'*Ancien* et le *Nouveau Testament*, deux livres qui mettent Abraham et Loth au nombre des *justes*. Abraham, un vieillard marié qui a un enfant avec une de ses esclaves ; Loth, un père qui offre de livrer ses filles à d'épouvantables débauchés pour apaiser leur luxure et qui commet avec elles un double inceste !

Pour montrer jusqu'à quel point les docteurs de l'Église comprennent bien la sainteté de la famille et de la dignité humaine, rappelons ici ce que saint Augustin pense de la conduite d'Abraham et de Sara :

« On ne doit en aucune manière faire un crime à Abraham de ce qui se passa avec Agar, car s'il eut commerce avec elle, ce fut pour obéir à sa femme qui, se voyant stérile, crut trouver une consolation à s'approprier volontairement la fécondité de sa servante, et à user ainsi du *droit* dont parle l'apôtre : « Le corps du mari n'est point en sa puis- « sance, mais en celle de sa femme ». (1re Cor., ch. VII, v. 4), à en user, dis-je, pour avoir d'une autre des enfants qu'elle ne pouvait elle-même mettre au monde. » (*Cité de Dieu*, liv. XVI, ch. XXV.)

Quelle morale ! Un homme ayant commerce avec une servante, parce que sa femme veut se consoler de n'avoir pas d'enfant ! Qui donc leur garantit que la servante ne sera pas stérile ? D'ailleurs, comme Dieu avait promis à cet honnête couple une postérité nombreuse, il faut dire qu'Abraham ou ne crut pas à la promesse divine, ou crut que l'Éternel voulait la tenir par le moyen d'un adultère!

Comment ne pas admirer encore, dans cette belle apologie, avec quel sentiment profond de la dignité humaine la malheureuse Agar y est traitée, ainsi qu'un animal dont le corps et la fécondité appartiennent à ses maîtres! Or, pour Bossuet, saint Augustin fut le plus admirable des pères de l'Église; cet incomparable écrivain, une des gloires de la langue française, voyait dans les ouvrages de l'évêque d'Hippone « l'âme de la religion ».

Quant à Loth, nous montrerons, dans un travail sur la *Morale dépendante des livres sacrés*, que saint Irénée, saint Chrysostôme, saint Ambroise et d'autres Saints trouvent bien à redire dans sa conduite, mais ne veulent pas qu'on la condamne « parce que l'Écriture le justifie ».

La famille ! Eh ! quel livre offre plus de traits y portant atteinte que l'Évangile ? N'y lit-on pas :

« Quiconque aura quitté ou ses frères, ou ses sœurs, ou son père, ou sa mère, ou sa femme, ou ses enfants, à cause de mon nom, il possèdera la vie éternelle (Math., ch. XIX, v. 29 ; Marc, ch. X, v. 29 ; Luc, ch. XVIII, v. 29.)

« Or, de grandes troupes du peuple allaient avec Jésus, et lui, se retournant, leur dit : « Si quelqu'un vient à « moi et ne *hait pas son père et sa mère*, « et sa femme, et ses enfants, et ses « frères, et ses sœurs, il ne peut être « mon disciple. » (Luc, ch. XIV, v. 29.) Jésus ne tenait pas ce discours aux apôtres en particulier, il ne l'adressait pas exclusivement à des hommes choisis pour avoir charge d'âmes, ce qui même dans ce cas serait impardonnable, il l'adressait à « de grandes troupes de peuple », à tout le monde. Est-il un chrétien qui ne regrette point au fond du cœur de rencontrer dans l'Évangile des paroles d'une violence aussi outrée? Que d'efforts n'a-t-on pas faits en vain pour leur chercher un sens favorable! Le mot « haïr » ne serait qu'une exagération propre au langage oriental et marquerait une simple préférence. De sorte que quand Dieu dit qu'il hait le vice, cela voudrait seulement dire qu'il aime mieux la vertu que le vice !

« Qui ne voit, prétend M. l'évêque Plantier, qu'il ne s'agit ici dans la pensée de Jésus que de situations tout à fait exceptionnelles ? » (*La Vraie Vie de Jésus*, deuxième édition, p. 187.) Point du tout. Jésus dit purement et simplement, et il le dit à la foule : « Si quelqu'un vient à moi et ne hait pas son père, etc., il n'est pas digne de moi. » Il n'y a là aucune supposition de circonstances exceptionnelles. Dans telles conjonctures réellement exceptionnelles, où l'on serait contraint de haïr son père et sa mère plutôt que d'abandonner la vertu, comme il arriverait pour le fils que son père presserait de tuer sa mère, ou la fille que sa mère voudrait prostituer, ce serait un devoir de choisir la vertu, chacun le comprend, le sent; Jésus n'avait pas besoin de l'enseigner.

Ce qu'il exprime clairement, c'est qu'il veut qu'on l'aime jusqu'à haïr tout autre amour que le sien.

L'interprétation de M. l'évêque Plantier est un attentat contre l'Évangile. Jésus pourrait lui répondre : En donnant à mes paroles un autre sens que le sens littéral, vous mettez sacrilégement votre pensée à la place de la mienne. Si j'avais entendu parler de « situations tout à fait exceptionnelles », j'aurais bien su m'en expliquer. Si ce que j'ai dit vous paraît exagéré, si vous croyez nécessaire d'en atténuer la portée, vous n'êtes pas digne d'être mon disciple, et vous êtes coupable de vous donner pour mon ministre. A la journée de Dieu, je ne vous jugerai pas sur le sens qu'il peut vous convenir de prêter à mes discours, je vous jugerai sur leur texte précis.

Le système des interprétations est fort dangereux ; il permet à chacun de voir dans l'Évangile ce qu'il veut y trouver. Ne pas prendre la *Révélation* à la lettre, c'est la livrer à l'arbitraire des opinions individuelles. Les innombrables hérésies dont l'abbé Pluquet n'a pu faire contenir une analyse dans moins de deux gros volumes, se fondent toutes sur un texte des *Écritures saintes*, interprété à la guise des hérésiarques.

Au surplus, Jésus ne s'est pas borné à émettre sa doctrine sur la famille en principe, il en a fait un jour l'application directe avec une rigueur poussée jusqu'à la cruauté. Il engage un homme à le suivre, celui-ci lui répond : « Seigneur, permettez-moi d'aller d'abord ensevelir mon père. » Et Jésus lui dit : « Suivez-moi et laissez les morts ensevelir leurs morts. » (Math., ch. VIII, v. 21 ; Luc, ch. IX, v. 59.)

Par son exemple personnel, par sa propre conduite, il ne semble pas apprendre à garder le respect filial lorsqu'il dit à sa mère : « Femme, qu'y a-t-il de commun entre moi et vous? » (Jean, ch. II, v. 4.) Les commentateurs les plus orthodoxes, dom Calmet en tête, ne disconviennent pas qu'il y a dans cette apostrophe une mauvaise leçon pour les enfants. « Quelque tournure que l'on donne à ces paroles, on ne peut nier qu'on *y* reconnaisse quelque dureté, et puis ce terme : *femme* au lieu de *ma mère*, témoigne encore quelque sévérité. » (Dom Calmet, *Commentaires*, etc.) Jésus semble s'appliquer par son exemple à briser les attaches de fils à mère. Il va jusqu'à se montrer insensible à la glorification de la Vierge, il réprouve la tendre exclamation d'une femme, d'une mère, sans doute, qui voulait exalter la sienne en lui : « Comme il disait ces choses, une femme élevant la voix du milieu de la foule, lui dit : « Heureuses les entrail-« les qui vous ont porté, heureuses les « mamelles qui vous ont allaité. » Et Jésus lui dit : « Heureux plutôt ceux qui

« écoutent la parole de Dieu et qui la « gardent. » (Luc, ch. XI, v. 27 et 28.)

Mère et frères étaient de peu pour lui ; la seule famille qu'il reconnût était celle de ses adhérents ; il nous enseigne à préférer ceux qui nous écoutent à nos propres parents : « Quiconque fera la volonté de mon père, celui-là est mon frère, et ma sœur et ma mère. » (Math., ch. XII, v. 50.) « Comme il parlait encore au peuple, voilà que sa mère et ses frères, debout dehors, cherchaient à lui parler. Et quelqu'un lui dit : « Votre mère et vos frères sont là qui vous demandent. » Mais il répondit : « Qui est ma mère et qui sont mes frè- « res ? » Et étendant la main vers ses disciples, il dit : « Voici ma mère et « mes frères. » (Math., ch. XII, v. 46 à

49; Marc, ch. III, v. 32 à 34, Luc, ch, VIII, v. 20 à 21.) Et il laisse sa mère dehors! C'est la négation formelle des liens du sang.

Jésus ne se dissimulait pas que ses nouveautés troubleraient les familles, et il le dit sans trembler, sans en exprimer même de regret.

« Ne pensez pas que je sois venu apporter la paix sur la terre. Je ne suis pas venu apporter la paix, mais le glaive; car je suis venu séparer le fils de son père, et la fille de sa mère, et la bru de sa belle-mère... Qui aime son père et sa mère plus que moi, n'est pas digne de moi. » (Math., ch. x, v. 34 à 37.)

« Pensez-vous que je sois venu apporter la paix sur la terre ? Non, je vous le dis, mais la division ; car désormais, de cinq qui sont dans une maison, trois seront divisés contre deux et deux contre trois : le père contre le fils, le fils contre le père, la mère contre la fille, etc. » (Luc, ch. XII, v. 51 à 53.)

« Le frère livrera son frère à la mort, et le père son enfant, et les enfants s'élèveront contre leur père et leur mère, et les feront mourir. » (Math., ch. X, v. 21, Marc, ch. XIII, v. 12.) Tels sont, il n'est que trop vrai, les effets des fureurs religieuses.

Ainsi chaque parole de Jésus témoigne que la famille occupait une place très-secondaire dans sa pensée. Il ne faut pas l'oublier non plus, il est « venu pour confirmer » tous les articles de l'ancienne loi qu'il n'a pas amendés, et il n'a pas rapporté celui qui nous ordonne « *de tuer, de notre propre main, notre frère, notre fils, notre fille et notre femme*, s'ils nous proposent d'adorer des dieux étrangers. » (*Deut.*, ch. XIII, v. 6 à 10.)

Beaucoup de ceux-là mêmes qui ne croient pas à la divinité de Jésus regardent l'Évangile comme un trésor de morale. Nous n'avons pas dessein d'offenser la conscience de la majorité de nos concitoyens, ni la religion de l'État ; nous demandons simplement si, grâce surtout, à l'autorité suprême qu'on leur donne, les textes qu'on vient de lire ne sont pas faits pour produire une impression très-dangereuse sur l'esprit du commun des lecteurs, et ne pourraient pas servir les ennemis de la famille, en admettant qu'il en existât?

III

La famille sort du mariage. Or, comment les fondateurs du christianisme ont-ils parlé du mariage?

« Il est bon à l'homme de ne toucher aucune femme. Néanmoins, pour éviter la fornication, que chaque homme vive avec sa femme et chaque femme avec son mari. Ce que je vous dis, comme une chose qu'on vous pardonne et non pas qu'on vous commande... Quant à ceux qui ne sont pas mariés et aux veuves, je leur dis qu'il est bon de demeurer en cet état. Mais ceux qui ne sont pas continents, qu'ils se marient, car il vaut mieux se marier que brûler. » (1re *Cor.*, chap. VII, v. 1, 2, 6, 8 et 9.)

Les croyants, et ceux qui font semblant de l'être, ne professent-ils pas que c'est Dieu lui-même qui a dit encore par la bouche de saint Paul :

« *Il est bon à l'homme de ne pas se marier*. Celui qui n'est point marié a soin des choses qui sont du Seigneur et comment il plaira au Seigneur. Celui qui est marié a soin des choses de ce monde et comment il plaira à sa femme, et ainsi il est divisé. » (D°, d°, v. 32 et 33.)

Si le mariage divise l'homme, celui qui se marie se détourne volontairement des choses saintes, il refuse de consacrer toutes ses forces à plaire au Seigneur. Quelle leçon !

L'Évangile fait un mérite de la violation d'une loi de la nature, il érige la virginité en vertu. Les Pères de l'Église, entêtés de ces fausses idées, devaient regarder le mariage d'un mauvais œil, parce qu'il contient un plaisir. Fidèles à la doctrine : *Il vaut mieux se marier que brûler*, ils ne condamnent pas, il est vrai, l'union conjugale d'une manière absolue, — cela n'était guère possible, — mais ils ne la tolèrent que comme un mal permis, afin d'éviter un plus grand mal, et ils la couvrent d'opprobre. « Tertullien appelait Hermogène, qui s'était marié plusieurs fois : un tas d'adultères. » (Barbeyrac, *Traité de la morale des Pères*, ch. VI, v. 30.) A l'en croire, « le mariage en lui-même ne serait pas exempt de blâme ; encore adoucissons-nous ses expressions, car il ne fait pas difficulté de prononcer que l'acte *est le même que celui de la prostitution.* » (L'abbé Guillon (1), *Bi-*

(1) L'abbé Guillon est un des meilleurs souvenirs de notre enfance. Avec quelle charmante bonté il nous traitait tous au collège Louis le Grand, dont il était aumônier! Ce doux et savant prêtre était un petit homme qui n'avait que le souffle, mais son âme était un trésor de

bliothèque choisie des Pères, vol. III, p. 99.) Selon l'Écriture *sainte*, à la vérité, il ne se trompait pas de beaucoup. David, né en légitime mariage, disait : « Ma mère m'a conçu dans le péché. » (Ps. 50, v. 6.)

Bossuet explique ces paroles avec une hardiesse embarrassante ; il nous

ch leur, sa sérénité ne se démentait jamais et lui ouvrait tous nos petits cœurs. Que son éloquence avait de grâce, comme nous la comprenions bien! Quelle fête c'était pour ceux qu'il invitait à aller le voir le dimanche! avec quel plaisir on y courait, après la messe, pour causer une heure avec lui en mangeant les pruneaux que sa vieille sœur, aussi aimable que lui, nous offrait. Quoique plus de soixante ans nous séparent de l'abbé Guillon, sa pâle figure nous est encore présente, et dussions-nous vivre un autre demi-siècle, sa mémoire nous resterait chère.

apprend que le mariage est un état que Dieu lui-même ne peut entièrement purifier et dans lequel le diable est son vainqueur.

« Il reste un endroit, ô Sauveur ! où le diable se vante d'être invincible ; il dit qu'on ne l'en peut chasser : c'est le moment de la conception dans lequel il brave votre pouvoir. » (1er sermon pour la fête de la Conception de la sainte Vierge, 1er point. *Œuvres complètes*, édition Lefèvre, 1836, in-4°, vol. IV, p. 606.)

Il faut entendre l'évêque de Meaux à ce sujet pour savoir jusqu'à quelles aberrations la religion peut conduire un esprit d'une rare éminence.

« Vous le savez, fidèles, qu'Adam notre premier père s'étant élevé contre Dieu, il perdit aussitôt l'empire qu'il avait sur ses appétits. Sa désobéissance fut vengée par une autre désobéissance. Il sentit une rébellion à laquelle il ne s'attendait pas, et la partie inférieure s'étant inopinément soulevée contre la raison, il resta confus de ce qu'il ne pouvait la réduire. Mais ce qui est de plus déplorable, c'est que ces convoitises brutales qui s'élèvent dans nos sens aient si grande part à notre naissance. De là vient *qu'elle a je ne sais quoi de honteux* à cause que nous venons tous de ces appétits déréglés qui firent rougir notre premier père. Comprenez, s'il vous plaît, ces vérités, et épargnez-moi la pudeur de repasser *sur des choses si pleines d'ignominie*... C'est pourquoi le Sauveur, voulant comme toucher au doigt la cause de notre mal, dit à saint Jean *que ce qui naît de la chair est chair*.

« La chair en cet endroit signifie la concupiscence. C'est donc comme si notre maître avait dit plus expressément : O vous, hommes misérables ! qui naissez de cette révolte et *de ces inclinations corrompues qui s'opposent à la loi de Dieu*, vous naissez par conséquent rebelles contre lui... Il n'est pas plus naturel au feu de brûler qu'à cette damnable concupiscence d'infecter tout ce qu'elle touche, d'y porter la corruption et la mort... Que dirons-nous maintenant de la bienheureuse Marie ? Comment évitera-t-elle *la corruption qui est inséparablement attachée à la conception ?...* Dans peu de jours, nous célébrerons la nativité du Sauveur, à présent nous le considérons dans les entrailles de sa mère. Quand donc je regarde l'incompréhensible ainsi renfermé et cette immensité comme raccourcie, quand je vois mon libérateur dans cette étroite et volontaire prison, je dis quelquefois à part moi : Se pourrait-il bien faire que Dieu eût voulu *abandonner au diable*, ne serait-ce qu'un moment, ce temple sacré qu'il destinait à son fils ? » (1er sermon pour la fête de la conception de la sainte Vierge, d°, d°.)

Voilà ce qu'il faut inventer d'ignominieux contre les lois éternelles de la nature, voilà jusqu'à quel point il fallait souiller le sein de toutes les mères pour fonder, pour établir l'immaculée conception de Marie !

C'est égaré par les mêmes dérèglements d'imagination que saint Ambroise s'écriait :

« *La honte est attachée à la condition d'une femme mariée*, puisqu'elle ne saurait acquérir la qualité de mère que par la perte de celle de vierge. » (L'abbé Guillon, *Bibliothèque choisie*, vol. IX, p. 200.) « Quels conseils, dit-il encore aux veuves mères qui se remarient, quels conseils vous donnerai-je, à vous qui avez des enfants? quelle raison peut vous porter à vous remarier, *si ce n'est l'habitude de l'intempérance*, le sentiment que vous avez des blessures de votre cœur? Mais les conseils se donnent à des personnes sobres et non pas à des gens ivres. Je parle à une conscience libre, qui est encore en état de prendre l'un ou l'autre parti. Que celle qui est blessée use du remède, le conseil est pour la femme honnête. » (Barbeyrac, *Traité de la morale des saints Pères*, ch. XIII, v. 8.)

Saint Chrysostôme, en réfutant ceux qui réprouvent le mariage, ne laisse pas de dire : « Le mariage, n'étant que la punition de la faiblesse de l'homme, ne doit point être préféré à la virginité, pas même aller de pair avec elle ; *Dieu ne l'a permis* que pour ceux qui ne peuvent aspirer à plus de perfection. » (L'abbé Guillon, *Bibliothèque choisie*, etc.; vol. XVIII, p. 205.)

Saint Jérôme proteste qu'il ne blâme pas le mariage ; mais on se demande comment, s'il le blâmait, il pourrait l'a baisser plus qu'il le fait : « Le mariage remplit la terre, la virginité peuple le ciel. » (D°, vol. XX, p. 322.) La compagnie des gens mariés lui paraît même dangereuse ; il ne souffre pas que les vierges les fréquentent. Dans la fameuse et magnifique lettre à Eustochia, modèle de sa véhémente éloquence et chef d'œuvre d'idées fausses, il lui dit :

« *Fuyez tout commerce avec les personnes mariées.* Ne vous exposez point à voir souvent ce que vous avez méprisé. Remarquez bien que le commandement *croissez et multipliez* n'a commencé son exécution qu'après que l'homme, chassé du paradis, eut été dépouillé de la justice originelle et couvert de feuilles de figuier, indice des désirs déréglés qu'inspire le mariage. » (Id., vol. XX, p. 173 et 175.)

« Saint Jérôme regardait le mariage comme tellement impur, qu'il appliquait aux femmes qui se remariaient le proverbe dont use saint Pierre sur un autre propos, « un chien retournant à son vomissement et une truie lavée à se vautrer dans la boue. » (Daillé, *Traité des saints Pères*, p. 382. Genève, 1632.)

Anaxagoras appelait les secondes noces « un honnête adultère , et Origène posait en fait comme chose indubitable (saint Luc, homélie 17), qu'elles excluent du royaume de Dieu. » (Barbeyrac, ch. IV, v. 6 et 18.)

Voici le texte d'Anaxagoras : « Parmi

nous, chacun reste tel qu'il est né, c'est-à-dire ne se marie pas ou ne se marie qu'une fois. A nos yeux, les secondes noces ne sont qu'un honnête adultère. Vous trouverez parmi nous grand nombre d'hommes et de femmes qui vieillissent dans le célibat pour rester plus étroitement unis à Dieu. » (*Apologie pour les chrétiens*, § 33.)

Le fait est que les premiers chrétiens, alors que la foi était vive et ne transigeait pas, en arrivèrent à considérer le mariage comme si contraire à la vertu et si peu agréable au Seigneur, que des individus mariés, saisis d'un redoublement de zèle, faisaient vœu de chasteté. Il en résulta de grands désordres dans l'union conjugale, lorsque les deux conjoints n'envisageaient pas du même œil les mérites de la continence. Le code de Justinien offre un souvenir bien marqué de cette perturbation des idées saines chez les chrétiens; il statue en effet que le vœu de chasteté par l'un des deux époux autorise l'autre à demander le divorce.

D'après saint Augustin, toute la moralité du mariage consiste à offrir un refuge autorisé aux passions charnelles trop violentes. « Il n'y a que ceux qui ne peuvent pas garder la continence qui devraient se marier. » (L'abbé Guillon, vol. XXII, p. 308.)

D'après saint Basile, « il suffit à un chrétien qui a embrassé l'état du mariage que Dieu lui pardonne son incontinence et *qu'il ne le punisse point pour avoir aimé une femme et avoir eu sa compagnie.* » (*Les Ascétiques, ou Traités spirituels*, de saint Basile le Grand; traduction de Hermant, Paris, 1673. *Traité touchant la vie religieuse*, ch. II, p. 13.)

Ces opinions ne sont pas purement individuelles, arbitraires; les saints docteurs qui les ont exprimées et les théologiens modernes qui les justifient, fournissent toujours quelque texte évangélique pour les sanctionner. « Saint Ambroise fait envisager le mariage *comme un mal* (*Épît.* 81); il dit que c'est un remède à la fragilité humaine, mais il ne dit point que ce n'est que cela. Saint Paul, de son côté, en permet l'usage *par indulgence* (1er *Cor.* VII, v. 6). Saint Ambroise dit que *les personnes mariées ont toujours de quoi rougir* (*Exhortation à la virginité*), et saint Paul dit « qu'elles souffriront dans leur chair » (D°, v. 26). Saint Jean, dans l'*Apocalypse*, va plus loin ; il dit d'une multitude de bienheureux : « Voilà ceux qui ne se sont point *souillés avec les femmes*, car ils sont vierges. » (Ch. XIV, v. 4.) Il suppose donc que *tout commerce quelconque avec les femmes est une souillure*. Saint Ambroise voudrait que toutes les filles demeurassent vierges (*Traité de la virginité*, liv. III), et saint Paul dit : « Je voudrais que tous fussent comme moi. » Ire *Cor.*, ch. VII, v. 7.) » (Bergier, *Dictionnaire théologique*, art. *Mariage*.) Bergier aurait pu dire encore que Jésus a exclu le mariage des joies réservées aux bienheureux. « En la résurrection on ne prend ni on ne donne de femmes en mariage, mais on est comme les anges de Dieu dans le ciel. » (Math., ch. XXII, v. 30.)

IV

Ceux qui voyaient dans le mariage un état de déchéance, une immondicité, une *souillure* légitimées, pouvaient-ils avoir beaucoup d'estime pour la famille ? Non. Logiques dans leur aberration, ils ont tous sacrifié les droits de la parenté, ils ont tous enseigné le mépris des liens du sang et de leurs tendresses. Dans sa réponse à Hedibia, qui le consultait, saint Jérôme commente ainsi le passage de l'Évangile : « Allez, vendez tout ce que vous avez et donnez-le aux pauvres. »

« Jésus ne dit pas: « Donnez-le à vos « enfants, à vos frères, à vos parents, « auxquels, quand même vous en au- « riez, vous seriez toujours obligés de « préférer le Seigneur »; mais donnez-le aux pauvres, c'est-à-dire à Jésus-Christ, que vous secourez dans la personne des pauvres... C'était pour le soulagement des pauvres que saint Paul et saint Barnabé prenaient la peine de porter eux-mêmes les aumônes à ceux qui souffraient la persécution et *qui avaient dit à leur père, à leur mère, à leur femme et à leurs enfants* : Nous

NE VOUS CONNAISSONS POINT. Ce sont ces véritables pauvres *qui ont accompli la volonté du Père céleste*, et dont le Sauveur a dit : *Ceux-là sont ma mère et mes frères qui font la volonté de mon père*... Les apôtres représentent à Jésus-Christ qu'ils ont tout abandonné et ne craignent pas de lui demander la récompense d'un si parfait détachement, et le Seigneur leur répond : « *Quiconque* « abandonnera pour mon nom sa mai- « son, ou ses frères, ou ses sœurs, « ou son père, ou sa mère, etc., aura « pour héritage la vie éternelle. » (*Œuvres de saint Jérôme*, publiées par Malougues, in-4°, Paris, 1678, p. 77 à 79.)

. . . .

Y a-t-il dans ces réflexions un seul mot que l'on puisse interpréter facilement en faveur de la famille, un seul mot qui n'aille pas en briser tous les liens ?

Le chaleureux Salvien puise dans l'*Écriture sainte* les mêmes sentiments :

« Vos héritiers légitimes, ce sont les pauvres. *Il a donné aux pauvres, sa justice demeure à perpétuité,* dit le prophète. (Ps. 112, v. 9.) Il ne dit point : Le juste a distribué ses biens à ses parents, à ses alliés, non, mais aux indigents ; encore moins à des parents déjà assez opulents, non, mais à ceux qui sont vraiment dans le besoin. *Votre justice subsistera-t-elle éternellement,* quand vous aurez accru la richesse d'hommes déjà trop riches pour l'usage qu'ils font de leur opulence ? *Aurez-vous un trésor dans le ciel,* pour avoir grossi leur trésor? Mais ces parents qui vous adulent et vous obsèdent, qui ne vous laissent pas un moment seul et assiégent éternellement le chevet de votre lit, vous craignez de les mécontenter: crainte pusillanime; ces hypocrites empressements masquent leur cupidité et l'impatience où ils sont de se partager entre eux votre dépouille, qui se fait toujours attendre trop longtemps. Loin de les ménager, éloignez ces perfides flatteurs, plus dangereux pour vous que des ennemis qui se montreraient à visage découvert. S'ils vous caressent, c'est pour vous égorger. Plus ils font d'efforts pour vous capter et vous perdre, plus vous devez vous armer d'une résolution courageuse contre les piéges qu'ils vous tendent. Mais ce sont, je le suppose, *des enfants que vous aimez*, des parents dont vous ne pouvez soupçonner l'affection réelle : peut-on méconnaître les liens du sang et les lois de la nature? A cela, je réponds que je les connais comme vous, et j'admets que ce soit là une excuse; *toujours n'est-ce qu'une excuse* et non une justification. Rien, non, rien au monde ne prescrira jamais contre le précepte de l'amour de préférence qui est dû à Dieu. » (L'abbé Guillon, *Biblioth. choisie*, etc., vol. XXIII, p. 195.)

Salvien insiste sur cette manière d'envisager la famille. Il prend l'Évangile à témoin pour montrer que nous perdons aux yeux du juge suprême à laisser nos biens plutôt à nos enfants qu'aux nécessiteux : « Le riche de l'Évangile avait sans doute laissé à ses héritiers une grande fortune. De quoi lui servaient, dans les enfers, ses libéralités ? Il brûlait, ce riche infortuné. Où étaient ses frères qu'il aima si tendrement et dont tous les supplices des enfers n'avaient pu lui faire perdre le souvenir? Ses héritiers nageaient dans l'opulence ; ses légataires étaient dans la joie, dans les délices, peut-être s'abandonnaient à tous les excès de la débauche ; lui, dénué de tout, était en proie à la douleur, aux tortures de feux dévorants. » (D°, d°, p. 213.)

« Défendez-vous de *prendre le prétexte de l'amour paternel* pour augmenter vos biens. Je garde mes biens pour mes enfants, belle raison ! Je garde mes biens pour mes enfants. Voyons un peu ; votre père les a gardés pour vous, vous les gardez pour vos enfants, vos enfants les garderont pour les leurs, et ainsi de suite à l'infini; *de cette manière, personne n'observera la loi de Dieu.* » (Saint Augustin, *Serm. de del chord.*, ch. XII.)

Pas un qui n'ait tiré du *Nouveau Testament* la même leçon, pas un qui ne recommande sacrifier les parents aux pauvres.

Saint Basile dit fort logiquement que si Jésus avait voulu qu'on fît quelque chose pour sa famille, il n'aurait pas commandé de tout donner aux pauvres : « Est-ce que cette maxime de l'Évangile ne regarde point les gens mariés : « *Si vous voulez être parfaits, vendez ce que vous avez et donnez-le aux pauvres.* » Lorsque vous demandiez à Dieu de bénir votre mariage et de vous donner des enfants, avez-vous ajouté à votre prière ces mots : « Donnez-moi des enfants, afin que je désobéisse à vos préceptes ; donnez-moi des enfants, afin que je n'arrive pas au royaume des cieux ? » Avez-vous une caution de la vertu de vos enfants ? Avez-vous quelqu'un qui vous assure qu'ils feront un bon usage des biens que vous leur laisserez ? Les richesses sont pour beaucoup des jeunes gens un moyen de débauches ou d'infâmes désordres. N'entendez-vous pas l'Ecclésiaste qui dit : « *J'ai vu une folie prodigieuse, des richesses amassées pour un enfant dont elles ont fait le malheur.* » Et ailleurs encore : « *Je laisse à un homme après moi des biens amassés avec de grandes peines ; qui peut savoir s'il sera sage ou insensé?* » Prenez donc garde que ces richesses amassées par vous avec de si grandes peines ne deviennent un jour la matière des crimes de vos enfants, et que vous ne soyez puni pour vos péchés personnels et pour ceux que vous aurez fait commettre à un autre. Votre âme vous est plus proche que vos enfants. Vous tenez à elle par un lien plus étroit : elle a le droit d'aînesse, il faut qu'elle soit la première avantagée. » (*Homélies contre les riches ;* voyez *Homélie de saint Basile*, trad. par Auger, Paris, 1788, p. 273.

Aussi égaré que saint Jérôme par la folie de l'ascétisme, saint Basile le Grand va bien plus loin encore. Qui l'écoute ne se contentera pas, pour plaire à Dieu, de dépouiller sa famille au profit exclusif des pauvres ; il n'aimera ni père ni mère :

« La parenté et la proximité du sang ne sont point capables de rien ajouter à l'amour que se doivent les uns aux autres ceux qui sont unis entre eux par la charité, et quand même on serait frère, fils ou sœur à un autre, cette liaison du sang ne doit lui donner aucun avantage ni le faire distinguer du reste des Solitaires pour le faire aimer plus qu'eux ; car *quiconque suit en cela l'instinct et les mouvements de la nature s'accuse et se condamne lui-même comme faisant voir qu'il n'est point encore parfaitement éloigné des sentiments naturels.* » (*Les Ascétiques de saint Ba-*

sile, trad. de Hermant; *Second Traité pour la conduite des Solitaires*, ch. III, p. 58.)

« Le Supérieur doit empêcher de tout son pouvoir que ceux qui sont une fois entrés dans la société des frères sortent de la maison sous prétexte d'assister leurs parents et *qu'ils ne se mettent jamais en peine des personnes qui leur sont propres selon la chair*... Que si les pères, les mères ou les frères de ceux qui ont été reçus dans le monastère vivent selon Dieu, il est juste qu'on les assiste, et nous croyons que c'est au Supérieur d'en prendre le soin, mais si ces personnes sont engagées dans une vie commune, *nous n'avons rien de commun avec elles*... En général, il ne faut permettre à aucun des frères de s'entretenir avec leurs parents. » (Trad. d'Hermant, *id.*, les *Grandes règles de saint Basile*, question 32, p. 171 et 772.)

« Celui qui *est né de l'esprit*, comme dit Notre-Seigneur (saint Jean, ch. III, v. 6), et qui a reçu le pouvoir de devenir enfant de Dieu, *rougit de la parenté qu'il a avec d'autres selon la chair*, il regarde comme ses proches ceux à qui son divin maître rend témoignage quand il dit : « Ma mère et mes frères sont « ceux qui écoutent la parole de Dieu. » (Saint Luc.) (*Les Petites règles de saint Basile*, p. 375.)

« Il faut que les véritables religieux *soient plus éloignés de leurs parents, de leurs amis, de leur père et de leur mère, que les morts ne sont séparés des vivants.* Écartons de notre esprit tout le souci et toutes les inquiétudes des choses qui regardent nos parents. Car *le diable*, voyant que nous avons renoncé pour nous-mêmes à tous les soins de cette vie, afin de courir avec plus de vitesse dans la voie du ciel, *tâche de nous embarrasser de la pensée de nos parents... Il nous sollicite de prendre part à l'heureux succès de leurs affaires et de nous affliger de leurs disgrâces. Il nous remet dans l'esprit toutes les affections pernicieuses* dont nous nous étions dépouillés pour nous occuper de pensées spirituelles. Connaissant donc les *maux extrêmes qui naissent de cette affection des parents*, évitons les inquiétudes qu'elle cause et *regardons-la comme un trait dont le diable se sert pour percer les âmes*. Jésus-Christ lui-même nous a défendu de nous y appliquer en ne permettant point à un de ses disciples de régler ses affaires domestiques avec ses parents (Luc, ch. IX. v. 62), et *en n'accordant point à un autre la liberté d'aller enterrer son père qui venait de mourir*. (Id., » *Constitutions monastiques*, ch. XX, p. 547 à 549.)

Le traducteur des *Ascétiques* de saint Basile le Grand, Hermant, docteur en théologie de la maison de Sorbonne et chanoine de Beauvais, a joint cette remarque sur le sujet qui nous occupe :

« La vie des saints pères du désert est toute pleine d'exemples illustres, qui sont autant de preuves solides de ce que saint Basile établit ici, *touchant le détachement des parents;* car nous apprenons de l'histoire de l'Église que saint Théodore et saint Simon Stylite ne voulurent pas voir leur mère; que saint Pacôme refusa de voir sa sœur; que saint Pœmen fut inflexible aux prières de la sienne, qui lui demandait cette grâce avec larmes, à la porte de son monastère, et n'eut pas plus de condescendance pour sa mère, et qu'une absence de soixante ans ne put rien sur l'abbé Pior pour le porter à accorder à sa sœur cette consolation.

« On peut voir, dans les conférences de Cassien, ce que l'abbé Germain dit sur ce sujet à l'abbé Abraham pour le détourner de la visite de ses proches, et surtout on y peut remarquer un exemple merveilleux du détachement de l'abbé Apollon. Il arriva un jour, dit-il, qu'un des frères de ce saint abbé vint, au milieu de la nuit, à la porte de son monastère, pour le conjurer, avec larmes et avec douleur, de sortir un moment et de l'aider à retirer un de ses bœufs d'un bourbier assez proche où il venait de tomber, parce qu'il lui était impossible de l'en dégager tout seul. Le saint abbé Apollon luy répondit après beaucoup de prières : — Pourquoi venez-vous ici? Que ne vous êtes-vous adressé à nostre frère le cadet, qui estoit plus près de vous ? Cet homme crut que ce bon solitaire avoit oublié que ce frère dont il parloit estoit mort il y avoit fort longtemps, et qu'apparemment son austérité excessive et la solitude continuelle luy avoient affaibli l'esprit. Il lui répondit bonnement : —

Pourrois-je appeler à mon secours un homme qui est mort il y a plus de quinze ans? — Et moi, répondit l'abbé Apollon, je suis mort aussi au monde il y a plus de vingt ans, et estant comme je suis ensevely dans le tombeau de ma cellule, je ne puis plus rien faire de tout ce qui ne regarde que cette vie. Pensez-vous que *Jésus-Christ pust souffrir* que je me relâchasse le moins du monde de cette mortification où je me suis une fois engagé, pour aller retirer avec vous vostre bœuf d'un bourbier, luy qui, dans l'Évangile, n'a pas *voulu accorder un moment à celui qui lui demandoit la permission d'enseveli son père*, quoyque cette demande qu'il luy faisoit parust avoir plus de justice et de piété? »

« Comme cette tentation de la chair

et du sang se couvre ordinairement du voile de la piété naturelle et chrétienne, *les ministres de la vie religieuse* veulent que l'on fasse les derniers efforts pour la vaincre. « Lorsqu'après nostre re-
« traite, dit saint Jean Climaque, *les*
« *démons* nous attendrissent et nous
« échauffent le cœur *par le souvenir*
« *qu'ils nous renouvellent de nos pè*[illegible]
« *de nos mères et de nos frères*, recou[illegible]
« aux armes de la prière pour nous dé-
« fendre contre eux, et embrazons-nous
« nous-mêmes par la pensée du feu éter-
« nel, afin que, par l'idée de ces flammes,
« nous éteignions l'ardeur indiscrette de
« ce feu qui s'allume dans nostre cœur »
(p. 674 et 675).

Saint Jean Climaque, que vient de citer avec enthousiasme Hermant, docteur en théologie de la maison de Sorbonne, ne veut pas seulement que nous recourions à la prière afin d'étouffer en nous la tendresse que « *les démons* nous inspirent pour nos pères et nos mères », il revient à la terrible leçon de l'Évangile et s'écrie impitoyablement : « Nous devons prendre une sainte aversion de nos parens. » (*Échelle sainte,* degré 3, art. 10.) Saint Jérôme a exprimé cette idée monstrueuse presque dans les mêmes termes : « Considérez désormais vos parents comme vos plus grands ennemis. (Épît. 104.) C'est par leur moyen que les démons vous attendrissent. » (*Epist. ad Heliod.*, 351). *L'Imitation de Jésus-Christ,* tant prisée par le monde religieux, nous répète encore : « Pour devenir vraiment spirituel, *il faut renoncer à ses proches* comme aux étrangers. » (Liv. III, ch. LIII, v. 2.) Ah! si cela était vrai, nous préserve la raison de jamais devenir spirituel.

Hermant se contente de rapporter que saint Jean Stylite « ne voulut pas voir sa mère ». On nous apprend que les *Acta sanctorum* des Bollandistes présentent la folie de ce malheureux sous un aspect plus horrible encore : « Sa mère passe trois jours au pied de la colonne où il se tenait une jambe en l'air, le suppliant avec larmes de renoncer à cette pénitence ; Siméon ne l'écoute pas, il regarde le ciel ; elle meurt de douleur, Siméon ne baisse pas les yeux. » On a peine à croire à la véracité de cette histoire ; elle semble plutôt appartenir à la légende d'une époque barbare ; mais ce qui appartient bien à l'histoire, c'est que l'Église, qui a la bizarre audace d'empiéter sur le jugement dernier, a canonisé saint Siméon *Stylite* (1) !

(1) Ces hommes que l'on nous cite comme des modèles, ces hommes qui se faisaient une vertu de mépriser leur père et leur mère restés dans le monde, qui croyaient honorer Dieu en se tenant sur une jambe, qui, renonçant à la société et à tous ses devoirs, s'enfonçaient dans les déserts ou s'enfermaient dans des monastères, il n'est pas hors de propos ici de rappeler quels sentiments la religion leur inspirait. « Il faut être tourmenté de la terreur perpétuelle de l'enfer. » (Saint Grégoire de Nazianze, *Orat.* 10.) « L'héritage du ciel doit être ravi à force ouverte par les combats et les sueurs de la chair et du sang autant que par des humiliations profondes et des abaissements sincères. » (D°, *Homél.* 20.) « L'homme étant un criminel qui doit trembler sans cesse en présence d'un juge éternel et terrible, il faut se macérer continuellement. » (Saint Jean Climaque.) Quelle idée se faisaient de leur Dieu les insensés qui comp-

Sainte Thérèse, une femme dont les admirables écrits attestent une rare

taient gagner le ciel par ce chemin de la torture, et quelle idée s'en fait la sainte Église, qui les a presque tous béatifiés! Le désespoir de ne pas s'avilir, de ne pas se mortifier, se martyriser assez pour lui plaire, et la peur de l'enfer les rendaient littéralement fous furieux. Saint Thalète, saint Auxent, saint Marcien se couchent dans des globes, dans d'étroites cavernes où le corps est douloureusement plié, d'autres veulent s'habituer à dormir debout, en s'appuyant contre un mur. Saint Jean Climaque, qui a visité les monastères d'Égypte, a tracé de ce qu'il y a vu un tableau que, dans son enthousiasme d'admiration, il appelle *l'échelle sainte*, et devant lequel on frémit de pitié et d'horreur. Des vieillards, après cinquante ans de vie monastique, étaient réduits, par de longues abstinences, à un état complet d'enfance. Ils obéissaient à leur abbé comme des esclaves. Il y avait une sorte de cachot humide, ténébreux, infect, dans lequel on en jetait quelques-uns, et là ils se traînaient sur leurs membres écorchés, au milieu de leurs déjections en hurlant de douleur. « J'en vis dans

intelligence, fut tellement pervertie par les doctrines du christianisme anté-

ces cachots qui passaient la nuit debout pour forcer la nature, d'autres, les mains liées derrière le dos, frappaient la terre de leur front en s'écriant qu'ils n'étaient pas dignes de voir le ciel. Quelques-uns, assis et froissés par un cilice, se battaient la poitrine si fort, qu'ils semblaient s'arracher l'âme. J'en vis qui paraissaient absolument hors d'eux-mêmes, et tous se reprochaient de ne pas faire assez pénitence. Vous en auriez vu, la langue aride et brûlante hors de la bouche, se priver de boire. D'autres mangeaient de la cendre avec du pain. Ils avaient le corps couvert de pustules et de vermines, faute d'en prendre soin. Les yeux creux, les joues rouges et sillonnées de larmes, le teint hâve, livide, la poitrine meurtrie, les genoux calleux, les vêtements déchirés, ils ressemblaient à des criminels ou à des possédés. Tous avaient sans cesse la mort devant les yeux et se récriaient en tremblant : « Quelle sera la sentence »? Puis, ils s'entre-demandaient : « Frères, avançons-nous « en perfection ? Frappons à la porte jusqu'à la « fin. Il faut courir sans épargner cette malheu-

rieures à la civilisation, qu'elle se reprochait de n'être pas tout à fait insen-

« reuse chair. » Des hommes de génie eux-mêmes n'échappèrent pas à de pareilles insanités. Tout le monde le sait : saint Jérôme aussi croyait méritoire de se frapper la poitrine à coups de pierre (*).

Une comédie du dixième siècle, *Paphnuce et Thaïs*, nous montre curieusement sur quel genre de raisonnement religieux on fondait ces pratiques monstrueuses. Paphnuce introduit sa péni tente dans un couvent et demande pour elle « une cellule sans porte, avec une seule petite fenêtre pour y passer la nourriture ». Il la trouve toute prête.

— Entrez, Thaïs, dans ce réduit.

— Qu'il est étroit et obscur, que ce séjour est incommode pour une femme délicate !

(*) Nous tirons les éléments de cette note de l'article *Monachisme*, par le Dr Virey, dans le *Dictionnaire des sciences médicales*. Édition Panckouke. Le Dr Virey était un homme fort savant et nullement « révolutionnaire ».

sible aux peines d'une sœur autrefois bien-aimée : « Nous devons, dit-elle, être

— Pourquoi maudissez-vous cette habitation ?

— Avilie comme je le suis, je ne refuse pas d'obéir aux ordres de votre paternité, mais il y a dans cette habitation un inconvénient que ma faiblesse supportera avec peine.

— Lequel ?

— Qu'y a-t-il de plus pénible, de plus révoltant que d'être forcée de satisfaire dans un même lieu à toutes les nécessités corporelles ! Il est certain que cette cellule sera bientôt infecte et inhabitable.

— Redoutez des supplices éternels, et ne pensez point à des désagréments passagers.

— C'est ma faiblesse qui me force à craindre.

— Il faut expier par des incommodités rebutantes la mollesse coupable et les délices au sein desquelles vous avez vécu.

— Je ne résiste plus. Je conviens qu'il est juste

toujours sur nos gardes parce que nous retombons bientôt si la grâce ne nous

que, souillée par l'impureté, j'habite une fosse impure et fétide.

(*Paphnuce et Thaïs*, comédie composée, en 970, par Hrosvita, religieuse saxonne, et représentée par les religieuses de l'abbaye de Gandersheim. — *Vie et œuvres de Hrosvita*, par M. Magnin.)

Le paganisme a eu les Bacchanales et les fêtes de la bonne Déesse; sans doute certaines de ces débauches religieuses soulèvent un profond dégoût, mais les affreux degrés de l'*Échelle sainte* offensent-ils moins la nature et la raison, provoquent-ils moins de dégoût? On voit trop, dans tout ce qu'on vient de lire, que Jésus avait donné un bien funeste conseil en disant : « Celui qui hait sa vie en ce monde la conservera pour la vie éternelle. » (Jean, ch. XII, v. 25.)

Puisque nous sommes sur le terrain des aberrations où peut mener la foi chrétienne (il y a encore de nos jours les chartreux qui se conest entièrement donnée pour nous faire connaître le néant des choses de ce

damnent à vivre sans parler, et qui se lèvent régulièrement au milieu de la nuit pour prier), disons que les plus grands esprits du christianisme ont proscrit la médecine avec l'usage de tout remède, et enseigné que la prière suffisait à guérir les maux du corps. « Adressez vos prières avec foi! Cette foi seule a rétabli sainte Euphrasie de ses maladies dans le monastère de la Basse-Thébaïde. » (Saint Chrysostôme) « Les préceptes de la médecine sont contraires à la science céleste, ils s'opposent aux jeûnes et aux veilles. Quiconque est adonné aux médecins s'ôte à soi-même. » (Saint Ambroise.) « Considérez que vous êtes religieux et non médecins, qu'on vous jugera sur votre profession et non sur votre santé. » (Saint Bernard.)

Saint Jacques dit dans son *épître catholique*, qui, comme on sait, fait partie du Nouveau Testament :

« Y a-t-il quelqu'un parmi vous qui soit malade, qu'il appelle les anciens de l'Église et qu'ils

monde. Il me paraissait, il y a peu d'années, que non-seulement j'étais détachée de mes parents, mais qu'ils m'étaient à charge, et il était vrai que j'avais peine à souffrir leur conversation. Ainsi, une occasion importante m'ayant obligée d'aller chez ma sœur ;

l'oignent d'huile au nom du Seigneur. Et la prière faite avec foi sauvera le malade, et le Seigneur le relèvera. »

En Angleterre, où l'on compte aujourd'hui soixante ou quatre-vingts sectes différentes du protestantisme, il y en a une qui, s'en tenant à l'épître de saint Jacques, fait profession de ne jamais recourir à la médecine et de se contenter de prier auprès de ses malades, fût-ce des enfants atteints de la petite vérole. Ces fanatiques sont souvent traduits devant les magistrats de police dans les cas où ils laissent mourir leurs enfants faute des secours de l'art. Ils subissent la condamnation sans se plaindre, et retournent à la prière en disant, avec le prince des apôtres : « Vaut-il mieux obéir aux hommes qu'à Dieu ? »

quoique je l'eusse beaucoup aimée auparavant, je demeurais seule le plus que je pouvais, parce que la différence de nos conditions (elle était mariée) ne pouvait nous fournir une matière agréable d'entretien. Néanmoins, je sentis que ses peines me touchaient davantage que n'auraient fait celles d'une autre personne, et je connus par là que je n'étais pas si épurée que je le croyais, mais que j'avais encore besoin de fuir les occasions afin d'augmenter cette vertu d'un véritable détachement dont *Notre-Seigneur avait commencé de me favoriser.* » (*Vie de sainte Thérèse,* ch. XXXI.) Sainte Thérèse se rappelait trop les paroles du Seigneur : « Personne ne quittera sa maison, ses parents, ses frères, sa femme et ses enfants pour le royaume de Dieu, qu'il n'en reçoive beaucoup plus dans le temps présent et dans le siècle à venir la vie éternelle.» (Luc, ch. XVIII, v. 29.) «Ce n'est là, dit notre honorable ami M. Wallon, ni une interdiction du mariage, ni une destruction de la famille.» *De la crédibilité des Évangiles*, page 71.) Vrai, mais on ne peut nier que ce n'y soit une bien forte excitation. Promettre beaucoup d'avantages en ce monde et la vie éternelle dans l'autre à celui qui abandonnera sa famille, c'est assurément la faire regarder comme un obstacle à gagner « le royaume de Dieu ».

Il ne serait pas difficile, du reste, de prouver que les plus grands Saints ne parvenaient pas à échapper aux affections, aux sentiments naturels qu'ils avaient la cruelle folie de combattre.

Saint François de Sales, dont les vertus honorèrent l'Église, écrivait en ces termes à madame Duchantal, dont il dirigeait la conscience : « 7 juillet 1607... Vous ne sauriez croire combien mon cœur s'affermit en nos résolutions et comme toutes choses concourent à cet affermissement. Je me sens une suavité extraordinaire de l'amour que je vous porte ; car j'aime cet amour incomparablement. Il est fort impliable et sans mesure ni réserve, mais doux, facile, tout pur, tout tranquille ; bref, si je ne me trompe, tout en Dieu. Pourquoi donc ne l'aimerais-je pas ? — Mais où vais-je ? — Si, ne rayerais-je pas ces paroles : elles sont trop véritables et hors de danger. Dieu qui voit les replis de mon cœur sait qu'il n'y a rien en ceci que pour lui et selon lui, sans lequel, je veux, moyennant sa grâce, n'être rien à personne et que nul ne me soit rien ; mais en lui je veux, non-seulement garder, mais je veux nourrir, et bien tendrement, cette unique affection. — Mais, je le confesse, mon esprit n'avait pas congé de s'épancher comme cela. Il s'est échappé, il lui faut pardonner pour cette fois, à la charge qu'il n'en dira plus mot. » (*Œuvres de saint François de Sales.* Lettre 116, édition Béthune, in-4°.) Madame Duchantal, qui s'était retirée du monde pour vivre tout en Jésus-Christ, répondait sur le même ton à son directeur. Nous sommes convaincu, très-convaincu qu'ils étaient l'un et l'autre parfaitement sincères ; mais ne vaut-il pas mieux se marier que de tromper ainsi Dieu, la nature et soi-même?

Profitons de l'occasion qui s'est offerte de parler de François de Sales pour dire incidemment que sa correspondance fournit un intéressant spécimen de la charité et de l'humilité que « la morale religieuse » inspira longtemps aux superbes prélats chrétiens. C'est encore dans une de ses charmantes lettres à madame Duchantal, qu'il écrivait à la date du 20 juillet 1607. (*Œuvres*, d°, d°, lettre 117) : « Je suis à Thiez, qui est la terre de mon évêché. Les sujets étaient anciennement obligés, par reconnaissance formelle, de faire taire les grenouilles des fossés et marécages voisins pendant que l'évêque dormait. Il me semble que c'est une dure loi, et pour moi je ne veux point exiger ce devoir. Qu'elles crient tant qu'elles voudront; pourvu que les crapauds ne me mordent point, je ne laisserai pas de dormir pour elles si j'ai sommeil. » A qui voudrait dire que la bonne action de François de Sales libérant ses « sujets» d'un «devoir» odieux était dû, non pas à un sentiment d'humanité qui le distinguait, mais à l'esprit religieux, nous répondons d'avance: C'est peu probable, car ce « devoir » avait été établi et maintenu par tous les *évêques* ses prédécesseurs.

V

Tout idéal dont on se fait sérieusement un guide est d'un immense secours pour nous fortifier, nous élever, nous éloigner du mal et nous entretenir dans la poursuite du bien ; aussi sommes-nous convaincu que les hommes dont la foi chrétienne est sincère et non point de parade y peuvent trouver l'amour des devoirs de toute nature et

> Ces haines vigoureuses
> Que doit donner le vice aux âmes vertueuses,

aussi encore, nous ferions-nous grand

scrupule de rien dire de blessant pour eux, mais à ceux-là mêmes nous le demandons avec gravité : La religion qui, malgré leur génie, poussa les saint Jérôme, les saint Ambroise, les saint Basile, les sainte Thérèse dans d'aussi funestes aberrations que celles que nous venons d'exposer, peut-elle passer pour l'unique sauvegarde de la sainteté de la famille ?

M. Dupanloup a pris grande part, dans la campagne des cléricaux, contre les libres-penseurs ; M. Dupanloup, un des dignitaires de l'Église qui place sur les premiers degrés du trône céleste des énergumènes capables de voir « l'œuvre du diable » dans l'amour paternel, dans la piété filiale, dans les affections du sang, dans la douleur que nous causent les peines de nos parents ; M. Dupanloup, qui rend un culte à de pareils hommes, peut-il bien se donner pour un avocat des pères et des mères, des frères et des sœurs ? Beaucoup de ceux qu'il a l'audace de stigmatiser du nom d'ennemis de la famille ne sont pas des moines, des solitaires, des religieuses en délire, se faisant un mérite d'étouffer en eux « les sentiments naturels » ; ils ont femme et enfants ; ils ne brûleraient pas de gaieté de cœur leurs pénates ; ils ne renverseraient pas leurs propres foyers ! Ils le savent : des écoles du rationalisme et de la morale indépendante, il sort des disciples qui respectent les droits de la nature, et non pas des Saints qui disent à leurs pères et à leurs mères : « Nous ne vous connaissons pas. »

Mais, la famille ne fût-elle pas parfaitement sauve, ils estiment que M. « l'évêque de Jeanne d'Arc », comme nous l'avons entendu s'appeler lui-même, est fort mal placé pour la défendre, lui dont c'est le devoir, s'il obéit au concile de Trente, c'est-à-dire s'il est honnête homme, *de se dépouiller entièrement de toute affection que la chair et le sang lui pourraient inspirer pour ses parents*, laquelle il doit regarder comme la source des malheurs qui affligent l'Église. » (Session 21e, ch. I.) — Cité dans les *Conférences ecclésiastiques du diocèse d'Angers, sur les commandements de Dieu*, tome II, p. 145.)

Qu'il s'en souvienne : son Dieu s'appelle « le Dieu d'Abraham, d'Isaac et de Jacob ». D'Abraham, un père dénaturé, prêt à égorger son fils parce qu'il rêve que Dieu le lui demande ; un concubinaire qui chasse de chez lui Agar et son autre fils avec une cruche d'eau et un pain; de Jacob, qui, peu satisfait d'être bigame, eut des enfants avec une esclave de chacune de ses femmes. Qu'il ne nous oblige pas à rappeler que « la *loi divine* a permis les concubines prises pour des femmes de second rang, subordonnées à la femme principale, » et que le 17° canon du premier concile de Tolède (an 400) porte : « Celui qui a une femme et une concubine doit être excommunié, mais il ne faut pas excommunier celui qui n'a qu'une femme ou une concubine. » (Père Richard, *Traités des conciles*, tome III, pages 498 et 499.)

Encore aujourd'hui, Pie IX met au nombre des *détestables erreurs* de notre temps « la préférence due à l'état de mariage sur l'état de virginité » (*Syllabus*, art. 74), et c'est le pape Pie IX, le ravisseur sans entrailles de l'enfant Mortara, que M. Dupanloup, au mépris de la défense de Jésus-Christ : « N'appelez personne votre père » (Math., ch. XXIII, v. 29), nomme « son père » ; c'est l'Église qu'il nomme « sa mère », cette Église qui, au temps de la persécution des hérétiques, recevait les fils à déposer contre leur père ! Il suppose que le célibat unit mieux les hommes « avec le Seigneur » que le mariage, et tout ce qui éloigne de l'union avec le Seigneur étant nécessairement mauvais, il a mis sa vertu dans le célibat, dans la violation du commandement de la *Genèse*, qui a dit à tous les hommes sous la figure d'Adam : « Croissez et multipliez. » On en conviendra, il doit nous être difficile de penser qu'il ait fort à cœur une institution qu'il repousse pour son propre compte, comme nuisible au salut, une institution « d'où naissent des affections et des liens, source des malheurs » de la famille spirituelle à laquelle il a sacrifié sa famille naturelle.

L'accusation portée contre nos doctrines, sous prétexte de religion, traîne depuis 1848 dans les plus méprisables pamphlets politiques, nous y sommes maintenant assez accoutumés pour y répondre avec calme; il n'en fut pas de même lorsqu'elle se produisit, elle souleva parmi nous une juste colère.

Il devient opportun de répéter ce qu'en disait alors notre ami Victor Considérant :

« L'abolition de la famille! la promiscuité! la dégradation morale de la femme! En vérité, malgré ma longue habitude de la calomnie de l'idée par l'ignorance des uns, par la mauvaise foi calculée et la lâcheté des autres, quand j'entends adresser à des hommes comme nous ces accusations monstrueuses, je ne puis m'empêcher de bondir. Mais, misérables menteurs et vous, Béotiens, qui nous prêtez des doctrines pareilles, est-ce que vous croyez que nous ne faisons pas partie de l'humanité? Est-ce que nous n'avons pas nos femmes, nos mères, nos sœurs, nos filles? Est-ce que nous sommes étrangers aux plus simples sentiments de moralité, de dignité, que l'humanité a développés dans son sein, pour que vous osiez nous attribuer les infamies qui souillent vos cerveaux, et dénoncer les socialistes comme les ennemis de la pudeur et de la famille. » (*Le Socialisme devant le vieux monde;* Paris, librairie phalanstérienne, 1848, p. 118.)

En rééditant ces infamies, nos adversaires auraient dû se souvenir que les païens, lorsque les premiers chrétiens attaquèrent leur religion, les accusaient de consacrer leurs initiations par le sang d'un enfant qu'ils égorgeaient et de faire de leurs agapes des repas incestueux.

La famille que nous voulons renverser et les enfants que mangeaient les premiers chrétiens sortent de la même sentine. Les conservateurs de tous les temps n'ont pour la plupart jamais voulu conserver que le mal : à chaque grand mouvement des esprits, ils ont prétendu que l'édifice social était menacé. A Rome, les pontifes de Jupiter disaient des chrétiens comme les évêques disent aujourd'hui de nous : « Ils mettent la société en péril ! » A Jérusalem, les Pharisiens, les « grands amis de l'ordre » de leur époque, disaient de Jésus : « Il met la société en péril. » A Athènes, Aristophane disait de Socrate : « Il met la société en péril. » Qu'est-il sorti des effroyables cataclysmes prédits par tous ces « honnêtes gens »? les chrétiens ont conquis une partie du monde, Jésus est devenu Dieu, les Pharisiens passent pour des hypocrites, Socrate est un sage universellement admiré, et le nom d'Aristophane est une injure. Les clameurs poussées aujourd'hui contre nous par les Pharisiens modernes ne sont pas nouvelles; ceux du dix-huitième siècle les poussaient, dans les mêmes termes, contre nos maîtres. Le parlement condamna l'*Émile!* comme un livre « pernicieux et funeste aux mœurs »; les protestants de Genève le firent brûler sur la place publique. L'archevêque de Paris *cria aux pères de famille :* « Malheur à vous, malheur à la société, si vos enfants étaient élevés d'après les principes de l'auteur de l'*Émile.* » Eh bien, M. Cousin a fait en 1848, sous le patronage de qui? de l'*Académie des sciences mo-*

rales et politiques! une édition populaire de la *Profession de foi du vicaire savoyard*, précisément des pages les plus incriminées de l'*Émile!* Nos dénonciateurs ne voient-ils pas là un de ces retours des choses d'ici-bas qu'ils appellent providentiels?

Quoi qu'il en soit, si fort que nous ayons à nous plaindre d'eux, nous sommes presque tentés de les remercier d'une certaine indulgence; nous leur savons gré de ne pas exprimer la crainte qu'au jour de notre triomphe, nous fassions brûler leurs libelles, leurs discours et leurs rapports, par la main du bourreau en place de Grève; que nous les condamnions à faire amende honorable, à genoux, en chemise, et un cierge à la main, devant la porte de la maison nationale, où ils seraient « fouettés pour être réconciliés » ; enfin qu'à côté de « la guillotine », cette autre infâme calomnie, nous rétablissions une loi du sacrilége, un saint-office et des auto-da-fé « révolutionnaires ».

LA PROPRIÉTÉ.

Nous venons de traiter de la famille, et nous croyons avoir irréfutablement démontré que le moins qu'on puisse dire, c'est que les doctrines de la religion chrétienne sont loin de lui être favorables.

A la propriété maintenant.

Les « honnêtes gens » persistent à accuser les républicains logiques, les radicaux de miner, de saper la propriété, de rêver le partage des biens.

Ces accusations, on n'a cessé de les répéter, nous pouvons dire avec une insigne mauvaise foi, puisque l'on n'a jamais voulu tenir compte de nos protestations, puisque l'on a toujours fait semblant de croire que si nous étions des « partageux », bon nombre d'entre nous n'auraient pas sur nos calomniateurs au moins le mérite du désintéressement.

Nous allons prouver, nous, que ce ne sont pas les doctrines démocratiques, mais bien les doctrines chrétiennes, qui menacent la propriété.

L'école communiste, qui d'ailleurs a toujours été fort peu nombreuse et qui n'a plus guère d'adeptes aujourd'hui, n'appartenait pas à l'opinion républicaine; elle affectait au contraire de ne pas s'occuper de politique et déclarait que la forme du gouvernement lui était indifférente.

Ceux des chrétiens qui ne lisent jamais l'Évangile, et ils sont nombreux, ignorent seuls que le communisme a près de deux mille ans d'existence.

Pratiqué par les Esséniens, secte juive, longtemps avant la naissance de Jésus-Christ, il fut adopté par lui et par ses apôtres, qui étaient, à la vérité, de très-hardis révolutionnaires.

« Tous ceux qui croyaient, *avaient toutes choses en commun*; ils vendaient leurs possessions et leurs biens, et les distribuaient à tous selon que chacun en avait besoin. » (*Actes des Apôtres*, ch. II, v. 44 et 45.)

« La multitude de ceux qui croyaient n'était qu'un cœur et qu'une âme, et nul ne disait des choses qu'il possédait qu'elles fussent à lui en particulier, mais toutes choses étaient communes entre eux. Il n'y avait personne parmi eux qui fût dans l'indigence parce que tous ceux qui possédaient des champs ou des maisons les vendaient, et ils en apportaient le prix et ils le mettaient aux pieds des apôtres, et il était distribué à chacun selon qu'il en avait besoin. » (D°, d°, v. 34 et 35.)

Saint Paul était aussi un communiste. De même que les apôtres il disait : « J'entends que pour ôter l'inégalité, l'abondance des uns supplée à la pauvreté des autres, afin qu'ainsi tout soit réduit à l'égalité. » (2e *Corinth.*, ch. VIII, v. 14.)

A la fin du deuxième siècle, Tertullien pouvait encore dire dans son *Apologétique* :

« Ne formant tous qu'un cœur et qu'une âme, nous ne faisons aucune difficulté de partager nos biens entre nous ; *tout dans notre société est commun*, hormis les femmes. » (Guillon, *Biblioth. choisie des Pères de l'Église*, vol. II, p. 347.)

Jamais le communisme, dans ce qu'il a de plus absolu et, peut-on dire, de plus impossible, n'a été prêché aussi radicalement que par les Pères de l'Église.

« Vos richesses *appartiennent* à ceux pour qui Dieu vous les a données; *elles sont communes à tous aussi bien que la lumière du soleil,* que l'air et les productions de la terre... Le pauvre qui vous demande ne fait que vous demander *ce qui est à lui;* il ne vous demande que le dépôt *qui vous fut confié pour le rendre à qui il appartient*... C'est une *restitution* plutôt qu'une libéralité que le riche fait au pauvre en lui donnant l'aumône... *C'est être le ravisseur du pauvre* que de ne point partager le bien que l'on a. Cette proposition vous étonne; ce n'est pas moi qui l'invente, elle est de l'Esprit-Saint; lui-même l'a déclaré dans ces termes: « *La terre a*

« *produit ses fruits accoutumés ; vous ne*
« *m'en avez pas payé les dîmes qui*
« *me sont dues, vous avez dérobé aux*
« *pauvres ce que vous avez gardé.* »
(*Malech.*, ch. VIII, v. 10.) Qu'importe à quel titre vous possédez, vous devez aux pauvres une part de ce bien qui appartient au Seigneur. « *Ne dépouillez* « *point,* nous dit-il encore, *le pauvre de* « *ce qui fait sa vie.* » (*Eccles.*, c. I, v. 23.)

« N'user de son bien que pour son seul usage, c'est en dépouiller le pauvre, *c'est être le ravisseur du bien d'autrui* et s'exposer à tous les châtiments dont est menacé le *spoliateur*. Ce que vous pouvez vous réserver à vous-même, *c'est le pur nécessaire;* tout le reste est au pauvre, *sa propriété*, non la *vôtre.* » (Saint Chrysostôme, *Bibliothèque des*

Pères, etc. vol. 19, pages 27, 35, 40, 51 et 52.)

Nous prenons les trois citations suivantes dans une brochure pleine d'érudition et d'esprit : *Jésus-Christ devant le conseil de guerre*, par V. Meunier. (Paris, in-8, 1849, 3e édition, p. 14 et 15.) « Nous qui jouissons de la raison, ne nous montrons pas plus cruels que les brutes. Celles-ci, acceptant les produits de la terre comme des choses naturellement communes, en usent sans distinction entre elles ; les chèvres paissent toutes ensemble sur une même montagne et les brebis dans un même champ. *Nous, au contraire, nous nous rendons propres les choses qui sont communes. Nous possédons seuls les choses qui appartiennent au plus grand nom-*

bre... Vous me direz : A qui fais-je tort si je retiens ce qui est à moi ? Et moi je vous demande quelles sont les choses que vous dites être à vous ? Vous faites comme un homme qui étant au théâtre, et s'étant hâté de prendre les places que les autres pourraient prendre, les voudrait tous empêcher d'entrer, *appliquant à son seul usage ce qui est là pour l'usage de tous.* C'EST AINSI QUE FONT LES RICHES. » (Saint Basile, ***Homélie** sur la richesse.*)

« La vie commune est obligatoire pour tous les hommes. *L'usage de toutes les choses qui sont en ce monde doit être commun à tous les hommes.* C'EST L'INIQUITÉ QUI A FAIT DIRE A L'UN : CECI EST A MOI, ET A L'AUTRE : CELA M'APPARTIENT. De là est venue la discorde entre les hommes. » (Saint Clément, pape, *Act. concil*.

« Dieu a créé toutes choses afin que la *jouissance en fût commune à tous* et que la terre devînt la possession commune de tous. La nature a donc engendré *le droit de communauté*, et C'EST L'USURPATION QUI A PRODUIT LE DROIT DE PROPRIÉTÉ. La terre ayant été donnée en commun à tous les hommes, personne ne peut se dire propriétaire de ce qui dépasse ses besoins naturels DANS LES CHOSES QU'IL A DÉTOURNÉES DU FONDS COMMUN ET QUE LA VIOLENCE SEULE LUI CONSERVE. » (Saint Ambroise, sermon 64 sur Luc, ch. XVI.)

Si l'on écrivait de pareilles choses

aujourd'hui, on aurait peu de chance d'échapper à un procès de presse. Et des évêques, des dignitaires de la religion qui a canonisé Jean Chrysostôme et Ambroise, s'en vont ameutant perfidement contre nous les crédules, auxquels ils disent que c'est nous qui attaquons le droit de propriété! Poursuivons :

L'Écriture dit d'abord : « Fais honneur de tes biens au Seigneur dans la personne des pauvres. » Puis elle ajoute : « *Rends-lui ce que tu lui dois.* » Ce qui signifie en d'autres termes : Si tu as de la piété donne ce que tu possèdes, comme si c'était réellement à toi ; si, au contraire, tu es impie, *rends ce qui ne t'appartient pas.* L'Écriture a parfaitement exprimé et la faculté de donner, et la nécessité de payer. Elle dit à tout homme : Une œuvre sainte t'est proposée; on t'y convie d'abord par les voies de la persuasion, mais ensuite *on t'y contraint par la force.* Donne de bonne grâce, *sinon rends.* » (Salvien, *Contre la richesse,* liv. IV. *Bibliothèque choisie*, etc., vol. XXIII, page 255.)

A Hedibia, veuve des Gaules, qui lui avait adressé plusieurs questions sur les Écritures, saint Jérôme répond :

« Ce n'est pas sans raison que l'Évangile appelle les biens de la terre *des richesses injustes,* car *ils n'ont point d'autres sources que l'injustice des hommes,* les uns ne pouvant les posséder que par la ruine des autres. Aussi dit-on communément, ce qui me paraît très-véritable, que ceux qui possèdent de grands biens *ne sont riches que par leur propre injustice ou par celle de ceux dont ils sont les héritiers.* » (*Œuvres de saint Jérôme*, publiées par Malougues, in-4° ; Paris, 1678.)

« Il faut soigneusement observer, dit à son tour saint Grégoire le Grand, que *la terre est commune à tous les hommes*, que c'est donc en vain que ceux-là se croient innocents *qui s'approprient à eux seuls les biens que Dieu a rendus communs*, puisqu'en ne partageant pas avec les autres ce qu'ils ont reçu, *ils deviennent homicides*. En retenant pour eux seuls ce que Dieu destine aux pauvres, on peut dire que, lorsque les pauvres périssent de misère, ils en tuent tous les jours autant qu'ils auraient pu en nourrir... Lorsque nous donnons aux nécessiteux, ce n'est pas un don que nous leur faisons de ce qui est à nous, *c'est un bien qui leur appartient, que nous leur rendons.* » (*Des soins et des devoirs des pasteurs*, 3e partie, ch. XXI, p. 303 et 304; Lyon, 1682.)

Saint Basile le Grand avait exprimé les mêmes idées communistes en termes non moins énergiques :

« N'ÊTES-VOUS PAS UN VOLEUR, *vous qui rendez propre à vous seul* ce que vous avez reçu pour le répandre et le distribuer? Si l'on appelle voleur celui qui dérobe un habillement, doit-on donner un autre nom à celui qui, pouvant sans se nuire habiller un homme qui est tout nu, le laisse pourtant tout nu? » (*Sur l'avarice*, cité par V. Meunier, p. 23.)

« Si Dieu nous a donné des richesses, ce n'est que pour les répandre dans les mains des pauvres; elles ne sont qu'un dépôt, *non une propriété*. Jésus-Christ, à chaque page de son Évangile, nous défend de les regarder comme un bien qui soit à nous. » (Saint Cyprien, l'abbé Guillon, *Bibliothèque choisie*, vol. IV, p. 73.)

« Apprenez, qui que vous soyez, que vous n'êtes que dépositaire; écartez de votre esprit la pensée *que vous ayez un plein pouvoir de disposer d'un bien qui vous fut seulement confié*... C'est pourquoi je ne puis assez m'étonner quand j'entends dire : *mon* champ, *ma* maison. J'ai peine à comprendre comment, avec trois syllabes, on ose s'ériger en maître d'un bien *qui n'est pas à soi...* O criminelle avarice! c'est toi qui as fait *cette monstrueuse inégalité des conditions humaines, où les uns ont tout et les autres rien.* » (Saint Astère, *Bibliothèque choisie*, etc., vol. IV, p. 284, 285, 288.)

S'il était vrai que les propriétaires ne le fussent qu'à titre de distributeurs des biens de ce monde aux pauvres, que ce qu'ils possèdent ne leur appartînt pas plus que « la lumière du soleil »; s'il était vrai que « la terre soit commune à tous les hommes, » — et tous les Pères de l'Église sont unanimes à cet égard, — le nom de *voleurs* qu'ils appliquent aux riches ne serait pas trop fort; car le dépositaire qui dit du dépôt remis entre ses mains : Ceci est à moi, est incontestablement un voleur.

On s'est fait une arme contre les socialistes du fameux axiome de Proudhon, « la propriété, c'est le vol. » Est-ce là leur faire honorablement la guerre? 1° Proudhon, qui changeait souvent, s'est rétracté sur ce point; 2° son axiome n'est entré à aucune époque dans le catéchisme socialiste; 3° soumis à une discussion de l'Assemblée constituante en 1848, il a été repoussé à l'unanimité, moins un, par les représentants de la démocratie; 4° enfin les textes authentiques qu'on vient de lire doivent convaincre toute personne loyale qu'il fut tiré par lui, non pas de la morale indépendante, mais bien de la morale évangélique. Les saint Chrysostôme, les saint Ambroise, les saint Jérôme, les saint Basile le Grand, les saint Grégoire le Grand avaient dit avant lui : « La propriété, c'est le vol. » Aux chrétiens de déclarer si ces hommes-là étaient des artisans de désordre et de spoliation, s'ils ne possédaient pas le véritable esprit du christianisme, si l'on peut taxer leurs doctrines de « criminels partages ». Des chrétiens honnêtes nous attendent une réparation ; ils doivent confesser qu'ils se sont trompés en nous rendant responsables d'une proposition que nous avons condamnée, et qui vient de leurs maîtres béatifiés.

C'est au mépris des enseignements de Jésus que M. Dupanloup, au lieu de nous incriminer, comme il s'y emploie journellement dans ses pamphlets, ne prêche pas aux propriétaires qu'ils *doivent* donner *tout* ce qu'ils possèdent aux pauvres :

« ..... J'ai gardé tous les commandements dès ma jeunesse. Et Jésus ayant jeté les yeux sur lui, l'aima. Et il lui dit : « Il vous manque encore une chose ; vendez TOUT ce que vous avez et le distribuez aux pauvres, et vous aurez un trésor au ciel ; puis venez et suivez-moi. » (Marc, ch. x, v. 21 ; Luc, ch. VIII, v. 21 et 22.)

Profitant de ce que Mathieu, dans le passage parallèle, fait dire à Jésus : « Si vous voulez être parfait, vendez, » etc. (ch. XIX, v. 21), l'Église, pour plaire aux tièdes, est convenue qu'il s'agit là « d'un conseil de perfection », et qu'on est libre d'observer ou de ne pas observer le conseil de Jésus. Cet accommodement, ainsi que tous les accommodements, est mauvais. Il s'agit d'être chrétien ou de ne pas l'être, il s'agit de se mettre en état de *suivre* le maître. Marc et Luc s'accordent pour présenter l'abandon de *tous* les biens comme une prescription rigoureuse, « *il vous manque encore quelque chose,* » et, dans le doute, la version de deux auteurs passe toujours pour plus sûre que celle d'un seul. D'ailleurs Jésus s'est prononcé maintes fois dans le même sens :

« Faites l'aumône *de ce que vous avez,* et toutes choses vous seront pures. » (Luc, ch. XI, v. 41.) « Vendez *ce que vous avez* et donnez-en l'aumône. » (Id., ch. XII, v. 33.) « Quiconque *ne renonce pas à tout ce qu'il possède* ne peut être mon disciple. » (Id., ch. XIV, v. 33.)

Pas de pays chrétiens où l'on ne professe, au nom de la raison et de la saine économie politique, qu'obéir à de pareils préceptes serait un acte de folie. Celui qui ferait l'aumône de tout ce qu'il a, qui vendrait ce qu'il possède pour le donner aux pauvres ne ferait pas les pauvres beaucoup moins pauvres et serait lui-même un mendiant le lendemain. Les prêtres, tout les premiers, en sont si bien convaincus que, même en prêchant l'évangile selon *saint Luc,* ils se gardent fort de renoncer à leur avoir. Cela est vrai, tout cela peut être très-sage, mais *la loi de Dieu* n'en reste pas moins en souffrance, n'en est pas moins très-délibérément violée.

Le caractère obligatoire, impératif, qu'avait la sentence dans la pensée du Christ se reconnaît mieux encore lorsqu'on rapproche ses paroles de celles de Jean-Baptiste, le précurseur :

« Que celui qui a deux robes en donne une à celui qui n'en a point. » (Luc, ch. III, v. 11.)

De tant de gens assez immoraux pour affecter de dire qu'il n'y a pas de morale hors des « livres saints », combien y en a-t-il dont le vestiaire ne démente pas la foi ?

Ceux qui tournent les préceptes de

l'Évangile, qu'ils trouvent trop rigoureux, en simples conseils qu'il est permis de ne pas suivre, veulent avoir le nom de chrétiens sans l'être. Ils se font une singulière idée de l'autre monde, s'ils pensent que le paradis a des demeures pour les parfaits et d'autres demeures pour les tièdes.

La propriété n'a véritablement d'autre source que le commerce, et Jésus, en appelant les marchands « des voleurs », a dit en fait, très à tort : « Le commerce, c'est le vol. » N'est-ce pas lui encore qui criait : « Malheur aux riches ! »

Et avant lui les prophètes, qu'il vénérait tant, n'avaient-ils pas crié au milieu d'Israël :

« Malheur à vous qui joignez maison à maison, qui ajoutez terres à terres jusqu'à ce qu'il n'y ait plus d'espace. Êtes-vous donc les seuls qui habitez la terre? » (Isaie, ch. v, v. 8; Mich., ch. II, v. 1 et 2.)

Et après lui, son disciple Jacques ne disait-il pas :

« Mes frères, vous méprisez le pauvre, et cependant ne sont-ce pas *les riches qui vous oppriment*, et vous tirent devant les tribunaux? » (*Epît. de Jacques*, ch. II, v. 6.)

« Maintenant vous, riches, pleurez à cause des malheurs qui vont tomber sur vous. Le salaire des ouvriers qui ont moissonné vos champs et dont vous les avez frustrés, crie contre vous, et les cris des moissonneurs sont parvenus aux oreilles du Dieu des armées.» (*Id.*, ch. v, v. 1 à 4.)

Il ne laisse pas d'être édifiant de le noter : ce sont les évêques et leurs amis, ceux-là mêmes qui donnent *l'Épître de saint Jacques* pour la *parole de Dieu*, qui nous dénoncent avec le plus d'acrimonie comme excitant de dangereuses passions chez les pauvres!

La propriété : « Elle est incompatible, dit M. Sim. Granger, avec la qualité de chrétien. Cette incompatibilité se trouve très-positivement établie dans les paroles suivantes de Jésus-Christ : « *Ne vous faites point de trésors sur la* « *terre... Vous ne pouvez servir Dieu*

« et les richesses..... Quiconque ne re-« nonce pas à tout ce qu'il possède ne « peut être mon disciple. » (Math., ch. VI, v. 19; Luc, ch. VI, v. 13; Math., ch. VI, v. 24; Luc, ch. XIV, v. 33.)

. . . .

Il n'était pas possible de dénoncer la possession des richesses en termes plus clairs et plus précis, et quand on se rappelle en outre les malédictions proférées contre les riches, on est forcé de reconnaître que l'auteur de l'Évangile a voulu exclure des sociétés chrétiennes le principe même de la propriété. Exiger des riches qu'ils se fassent pauvres, c'est, dit-on, le fait d'un fou, d'un homme bien intentionné, si l'on veut, mais sans intelligence de la nature humaine : il n'est pas possible d'admettre que Dieu ait voulu faire dépendre d'un pareil sacrifice la qualité de chrétien et le salut des âmes. Cette objection avait été prévue par les Pères, et Salvien y répond en ces termes dans son traité *contre l'avarice* (liv. Ier) : « La morale que j'annonce paraîtra peut-être trop sévère. Elle est trop sévère, en effet, si elle ne s'appuie sur l'autorité même des livres sacrés. Qu'on la juge trop sévère, si j'ai rien annoncé de plus fort que l'apôtre saint Jacques dans le chapitre v de son *épître catholique*, et surtout que Notre-Seigneur dans le passage où il déclare que ceux-là sont indignes de lui, *qui ne renoncent pas à tout ce qu'ils possèdent.* » (*L'Evangile devant le siècle*, pages 87 et 95; Paris, 1846.)

Écoutez maintenant Bossuet, reprenant la grande malédiction évangélique contre les riches :

« Si tous les droits, si toutes les grâces, si tous les privilèges de l'Évangile sont aux pauvres de Jésus-Christ, ô riches ! que vous reste-t-il et quelle part aurez-vous dans son royaume ? Il ne parle de vous que pour foudroyer votre orgueil. Malheur à vous, riches ! » (*Sermon pour le dimanche de la Septuagésime ; Œuvres*, édit. Didot, vol. IV, p. 6.)

Qu'une grande société ne puisse exister sans le principe de la propriété, nous le croyons, mais nul moins qu'un chrétien n'a le droit de s'élever contre l'école qui le contesterait, car il est indubitable que la doctrine chrétienne rend la propriété impossible et exclut les riches.

Ce que nous disons là trouve plus de force encore quand on pénètre dans l'esprit de la parabole du riche et de Lazare. Elle met en action la terrible sentence : « Malheur aux riches ! » Les docteurs de l'Église l'ont tous fait remarquer :

« Le crime du mauvais riche à l'égard de Lazare, que fut-il ? SEULEMENT *de n'avoir pas partagé ses biens avec lui.* » (Saint Ambroise, l'abbé Guillon, *Bibliothèque choisie*, etc., vol. IX, p. 401.)

« Quel était donc le crime de cet homme ? *Il était riche.* L'Évangile ne parle ici ni d'homicide, ni d'adultère, ni d'impiété sacrilége, ni d'aucun de ces vices qui jettent l'âme dans la mort éternelle. Il n'est pas dit à ce riche : La cause de ta réprobation, c'est le sang de ton frère que tu as versé, ni les honteux excès auxquels tu t'es abandonné. Non, il fut riche, c'est là toute son accusation. Ce sont ses richesses qui ont prononcé contre lui l'arrêt de sa condamnation. » (Salvien, *Bibliothèque choisie*, etc., vol. XXIII, p. 214.)

L'abbé Guillon fait remarquer ici que « tout le discours de Massillon sur le mauvais riche n'est que le commentaire de ces affligeantes mais irrécusables vérités. »

Saint Grégoire le Grand avait dit de même : « Le crime que le mauvais riche expie dans les enfers, ce n'est pas d'avoir dérobé le bien d'autrui, mais seulement *de n'avoir pas donné le sien.* » (*Bibliothèque choisie,* etc., vol. XXIV, p. 96.)

. . . .

Les chrétiens appellent le riche de la parabole le *mauvais riche,* et veulent qu'il ait été puni pour avoir manqué de charité envers Lazare. Ils faussent l'esprit de la parabole, afin de satisfaire aux notions humaines du bien et du mal. L'Évangile ne dit nullement que son riche était mauvais et sut que Lazare était à sa porte; il ne lui reproche que sa richesse, et ses vêtements aussi luxueux que le sont par exemple ceux d'un évêque officiant. C'est ce que les auteurs sacrés sont unanimes à expliquer. Le riche de la parabole a le cœur si peu mauvais, qu'elle le montre, au milieu même des tourments de l'enfer, ne songeant qu'à sauver ses frères.

La propriété, nous le répétons, et nous défions tout homme sincère qui vient de lire les textes authentiques qui précèdent, de le contester, n'a jamais été plus attaquée que par l'Évangile et par ses interprètes les plus accrédités, par ceux-là mêmes que l'Église a canonisés. N'est-ce donc pas des doctrines chrétiennes que saint Augustin, un des oracles de l'Église, tirait ce principe : « Par le droit divin tout appartient aux fidèles, et les infidèles ne possèdent rien légitimement. » (Épît. 153 de saint Augustin; voir Barbeyrac, *Traité de la morale des saints Pères*, ch. VI, § 14.)

Tout chrétien honnête en conviendra, quel qu'en puisse être son chagrin, l'histoire atteste que ce principe spoliateur a trop souvent servi de règle à l'Église et aux princes qu'elle dirigeait. Les rois chrétiens ou très-chrétiens n'ont-ils pas, pendant des siècles, volé sans le moindre scrupule le bien des juifs parce qu'ils étaient juifs, « infidèles », et celui des hérétiques parce qu'ils étaient hérétiques, « infidèles ? » Le religieux édit de 1724, art. 1er, « fait défense de pra-« tiquer un autre culte que le culte ca-« tholique sous peine pour les hommes « des galères perpétuelles, et pour les « femmes d'être rasées et enfermées « leur vie durant, *avec confiscation des « biens des uns et des autres.* »

Dans une bulle du 5 mai 1477, touchant l'extirpation des Vaudois ou pauvres de Lyon, le pape, qui commande à Albertus Capitaneis, son légat pour cette expédition, « d'inviter les fidèles à exterminer sans ressource cette peste par force et par les armes, » l'autorise aussi à déclarer « que toutes personnes qui seraient tenues et obligées par contrat ou autre manière quelconque de leur constituer ou payer quelque chose, n'y sont pour l'avenir aucunement obligées, et qu'à ce ne peuvent être contraintes en façon que ce soit. » (Léger, *Histoire des Églises évangéliques des vallées du Piémont ou vaudoises*, 2e partie, p. 8 et 13, in-folio; Leyde, 1669.)

En nous imputant avec une insistance véritablement déloyale de « menacer la propriété, » les cléricaux et les ennemis de la République nous donnent trop beau jeu.

Ce n'est pas dans les doctrines socialistes, mais bien dans les doctrines chrétiennes, pouvons-nous leur répondre, qu'à la fin du siècle dernier encore, l'abbé Bergier puisait des propositions comme celle-ci :

« Les Israélites étaient sous le joug de la nécessité. Forcés par la tyrannie des Égyptiens à sortir d'Égypte, ils ne pouvaient subsister naturellement dans un désert stérile, ils ne pouvaient se procurer une habitation et des terres à cultiver que l'épée à la main et aux dépens de leurs voisins. De tous les motifs qui peuvent autoriser une guerre et une conquête, nous défions nos adversaires d'en alléguer un *plus légitime.* » (*Dictionnaire théologique,* article *Chananéens*, édit. de 1841, vol. II, p. 25.)

Plus bas, Bergier ajoute, pour fortifier son argument en faveur d'une guerre de conquête :

« Les Chananéens avaient plus de terres qu'il ne leur en fallait, mais ils n'étaient pas disposés à en céder la moindre partie. »

Donc les Israélites purent très-légitimement les prendre toutes ! L'abbé Bergier, nourri des saints Pères de l'Église, était tellement pénétré de ces idées conservatrices qu'il dit autre part :

« De tous les peuples conquérants ou usurpateurs, le plus innocent et le plus excusable est sans doute celui qui manque de moyens naturels de subsistance, qui n'a pas de terre à cultiver et qui en cherche; *s'il en trouve et qu'on les lui refuse, il est en droit de s'en emparer par la force.* » (*Id.*, art. *Juifs*, vol. IV, p. 333.)

Le docte abbé Bergier, dont la vie fut exemplaire, est un des théologiens les plus estimés. Son livre, écrit d'un style excellent, comme écrivaient encore les ecclésiastiques du dix-huitième siècle, est classique dans tous les séminaires. Aussi longtemps qu'il y fera autorité, nous doutons que les idées qu'on y professe paraissent fort saines à ceux « qui ont plus de biens qu'il ne leur en faut » et qui refusent de « donner leurs terres à ceux qui n'en ont pas à cultiver ».

LE PRÊT A INTÉRÊTS ET LE CHRISTIANISME

Nous venons de montrer qu'en dépit de tout ce que peuvent dire les ignorants et les trompeurs, il est vrai, incontestablement vrai que le christianisme est en principe l'adversaire de la propriété. Prouvons-le davantage encore en traitant du prêt à intérêts qui se rattache essentiellement à la propriété. Il est adopté, il est vrai, par tous les chrétiens, mais c'est en violation flagrante de la loi qu'ils appellent la loi *divine*. *La Bible* et *l'Évangile* défendent d'une manière expresse, rigoureuse, de prendre un loyer de l'argent. En vain, pour le légitimer, ne donne-t-on le nom d'usure qu'à l'intérêt exigé au delà du taux légal, en vain l'Église, qui transige toujours avec les prescriptions de la *Révélation* quand elle y voit avantage, a-t-elle ratifié ce subterfuge ; pas une ligne de la *Révélation* ne peut lui servir d'excuse. « Si vous ne prêtez qu'à ceux de qui vous espérez recevoir, quel gré vous en saura-t-on, puisque les gens de mauvaise vie s'entreprêtent de la sorte? » (Saint Luc, ch. VI, v. 34.) Cette manière de s'exprimer marque certainement le prêt à intérêts, celui dont on attend un avantage quelconque ; il n'y a que celui-là dont l'emprunteur ne puisse savoir aucun gré. Le verset suivant corrobore notre interprétation du texte et ne permet pas de lui en donner une autre. « C'est pourquoi prêtez sans en rien espérer » (d°, v. 35), par conséquent sans espérer qu'on vous le rende avec intérêts. Et Jésus complétant sa pensée ajoute : « Soyez donc plein de miséricorde comme votre Père est plein de miséricorde. » (D°, v. 36.) Plus de miséricorde dès qu'on retire un bénéfice du prêt, les négociations des banquiers n'ont jamais passé pour des œuvres de miséricorde.

Vous n'êtes pas absolument tenu de prêter, mais le faites-vous, que ce soit « sans rien espérer au delà du capital ». Telle est clairement la loi de l'Évangile, telle est non moins clairement celle du Mont Sinaï. « Si vous prêtez de l'argent à mon peuple, au pauvre qui est avec vous, vous ne vous comporterez point avec lui en usurier, vous ne mettrez point sur lui d'usure. » (*Exode*, ch. XXII. v. 25, *Lévit.*, ch. XXV, v. 36 et 37.) « Vous prêterez bien à usure à l'étranger, mais vous ne prêterez point à usure à votre frère, soit à usure d'argent, soit à usure de vivres, soit à usure de quelque chose que ce soit. » (*Deut.*, ch. XXIII, v. 19.) Si le mot usure avait dans le texte « sacré » le sens criminel qu'il a convenu au monde chrétien de lui donner pour vivre, Dieu se trouverait avoir permis à son peuple de commettre l'iniquité envers l'étranger.

Les commentateurs les plus éclairés

ne varient pas sur la véritable signification du mot usure selon « la parole de Dieu ». — « L'usure consiste à recevoir à cause du prêt de l'argent ou de quelque chose estimable à prix d'argent, au-dessus du capital qui n'est pas aliéné. » (Dom Calmet, *Commentaires*, etc., au ch. XXII, v. 23 de l'*Exode*.)

« Il est souverainement injuste *d'exiger plus qu'on n'a donné;* en agir ainsi, c'est exploiter le prochain, c'est spéculer perfidement sur ses besoins. » (Lactance, *Inst. div.*, ch. XVII.) « Il y a usure toutes les fois qu'on retire du prêt plus qu'on n'a donné. (Saint Jérôme, *In Ezech.*, ch. XVIII.) « L'usure est ce qui se donne au-dessus du prêt, ce qui excède ce qui est donné, et, selon notre langage, ce qui est au-dessus du capital. » (Bossuet, *Traité de l'usure*, proposit. 1.)

Le père Richard, après avoir cité les textes de neuf conciles, depuis celui d'Elvire, en 303, jusqu'à celui de Narbonne, en 1609, qui condamnent l'usure ou prêt à intérêt, les résume ainsi : « On ne peut lire ces canons sans être persuadé qu'ils condamnent l'usure comme mauvaise en soi; qu'ils la condamnent dans toutes sortes de personnes, soit ecclésiastiques, soit laïques; qu'ils la condamnent à l'égard de quelque personne qui l'exerce, riche ou pauvre, négociant ou non; qu'ils mettent les usuriers au nombre des voleurs et des adultères; enfin qu'ils définissent et caractérisent l'usure par le gain ou le profit quelconque exigé ou espéré au delà du prêt principal, de quelque part qu'il vienne, riche ou pauvre, commerçant ou autre, de quelque espèce qu'il soit, argent, denrée, service, et lorsqu'il est perçu en vertu du prêt. Tel est le caractère distinctif de l'usure selon les conciles : l'addition au capital, le profit qu'on tire des choses prêtées en sus de ces choses mêmes qu'on a prêtées, et en vertu du prêt qu'on en a fait. Il est faux qu'ils ne la condamnent que dans les clercs et non dans les laïques, ou seulement quand elle est excessive ou immodérée, ou lorsqu'on la prend sur le pauvre et non pas sur le riche et le commerçant. » (*Analyse des conciles*, in-4°, Paris, 1773, v. IV, p. 887.)

Sur ce point, les Pères de l'Église sont unanimes. M. Simon Granger, dans son remarquable ouvrage, *l'Évangile devant le siècle* (Paris, 1846), a recueilli leurs paroles, devant lesquelles pâlissent les discours des plus terribles ennemis de la propriété : « La vie de l'usurier est paresseuse et insatiable. Il ignore la culture des champs, il n'exerce aucune industrie, et il peut tout recueillir sans travail. Sa charrue, c'est une plume ; son champ, une feuille de papier ; sa semence, un peu d'encre ; enfin la pluie destinée à féconder son travail, c'est le temps nécessaire pour que son argent augmente et lui rapporte des fruits mystérieux... L'usurier n'a rien et il possède tout, s'arrangeant une vie toute contraire aux prescriptions des apôtres ; car s'il donne à ceux qui lui demandent, ce n'est point par humanité qu'il agit; mais uniquement par cupidité. Homme cupide, rends à ton père ce que tu lui as injustement ravi. » (Grégoire de Nysse, *Contre l'usure.*) « Celui qui nommerait vol et parricice l'inique invention du prêt intéressé, ne serait pas très-éloigné de la vérité. Qu'importe, en effet, que vous vous rendiez maître du bien d'autrui en escaladant des murs et en tuant des passants, ou que vous acquériez ce qui ne vous appartient pas, par l'effet impitoyable du prêt? O dépravation du langage! Le prêt devient le nom du vol..... Si quelqu'un rencontrant un voyageur lui arrache par force ou lui soustrait par ruse ses provisions, on le traitera de brigand et de voleur. Mais celui qui commet une injuste spoliation en présence de témoins, et qui confirme son iniquité par des actes en bonne forme, est qualifié d'homme généreux, bienfaisant, serviable. » (Grégoire de Nysse, *Homélie sur le ch.* IV *de l'Ecclésiaste.*) Au résumé, le prêt à intérêts, selon Grégoire de Nysse, « c'est le vol. »

Saint Chrysostôme (*Hom.*, 57 sur *Mathieu*); saint Ambroise (*Des bonnes mœurs*, n° 12); saint Bernard (sermon 4, *Super salve Regina*), partagent la même opinion. M. Simon Granger donne leurs textes *in extenso* (pages 60 à 64). « Jésus-Christ, ajoute M. Granger, n'a pas dit : Prêtez sans exiger un intérêt supérieur au taux légal, mais prêtez sans en rien espérer. » — « Cette loi de Dieu, dit saint Ambroise, exclut généralement toute augmentation quelconque du capital. » (*Livre de Tobie*, ch. xv.) Telle est la seule règle de conduite à suivre pour tout chrétien qui ne veut pas qu'on suspecte sa bonne foi. « Le prêt à intérêts ne lui est jamais permis, pas même, dit saint Thomas, dans les limites de ce qui lui est nécessaire pour vivre. » (*Opusc.* 72, ch. xii.) « Les *rentiers* osent dire, s'écrie saint Augustin : « Je n'ai pas d'autres ressources pour vivre. » Eh ! n'est-ce pas ce que répondrait un voleur pris sur le fait ? Ils ne sont que plus coupables d'avoir choisi un art d'iniquité pour s'en faire un moyen d'existence et d'avoir cherché à tirer leur nourriture précisément de ce qui offense celui de qui vient toute nourriture. » (Saint Augustin, *Sur le psaume* 128.)

Voilà donc qui est démontré, *la Bible et l'Évangile* ensemble prohibent expressément le prêt non gratuit. Les conciles et les saints Pères nous l'assurent. Il n'y aurait ni Foi ni bonne foi à le contester. Que voyons-nous cependant? L'économie politique de la chrétienté entière repose sur le crédit, c'est-à-dire sur le prêt non gratuit; toutes les législations chrétiennes cassent la loi de Dieu; elles déclarent licite ce qu'elle défend. Nous n'avons pas, nous, à le leur reprocher, nous constatons le fait. M. Dupanloup a dit aux gens mariés civilement : « Vous êtes adultères devant Dieu. » S'il n'avait pas crainte de mécontenter sa riche clientèle, il aurait dit avec plus de raison aux banquiers, aux escompteurs, aux capitalistes et aux rentiers: « Vous êtes tous criminels devant Dieu. » A prendre le mot *infidèles* dans son véritable sens, il n'y a pas de plus grands *infidèles* que les chrétiens, car il n'y a pas d'hommes plus infidèles qu'eux à ce qui est pour eux un commandement du Tout-Puissant.

Ici, nous avons à faire une observation fort grave. A l'Assemblée nationale, dont la tribune devient beaucoup trop souvent une chaire, on parle « du Dieu législateur, » et aux applaudissements de la majorité, on affirme qu'il n'y a pas de morale sans la croyance à la sanction que ses « livres révélés » donnent à ses lois. Eh bien ! des nombreux membres de la majorité formant la réunion d'hommes la plus cléricale qui fut jamais, et protessant que toute infraction aux lois du « Dieu législateur » sera punie dans ce monde et dans l'autre, en est-il un seul qui ne tire un lucre de ses capitaux, qui ne prête son argent, ne loue son champ, sa maison, sa chose à intérêts, qui ne transgresse ainsi volontairement « la loi divine » et ne s'expose par conséquent, de propos délibéré, au châtiment qu'il prétend craindre et qu'il donne pour frein aux mauvaises passions? Qu'en conclure, sinon que la garantie que la morale trouverait dans la Foi « au Dieu législateur et rémunérateur » est démontrée nulle par ceux-là mêmes qui la déclarent indispensable à la bonne direction de la conscience?

La tâche que nous avions entreprise est achevée. Les textes sont là, chacun peut les vérifier. Nous n'avons pas malheureusement l'espoir de faire renoncer à leurs calomnies systématiques les ennemis des radicaux à quelque parti qu'ils appartiennent; mais nous en appelons aux gens honnêtes de tous les partis : à eux maintenant de dire de quel côté sont les principes dont *la famille et la propriété* peuvent avoir quelque chose à redouter.

Un dernier mot : Nous avons écrit, croyons-nous, avec la mesure que comportait la gravité de la matière. Comme nous l'avons déjà dit, nous protestons contre toute accusation d'attaque à la religion de l'État, nous avons simplement usé du droit de discuter ses doctrines.

JÉSUS-CHRIST ET SAINT JEAN-BAPTISTE ÉTAIENT DES ESSÉNIENS

Nous avons dit dans le cours de cette étude que le communisme était loin d'être une nouveauté moderne. Il date de l'âge d'or.

« De son temps, point d'enclos, de bornes, de partage;
« La terre était de tous le commun héritage. »

(Macrobe, *Saturnales*, liv. 1er, ch. VIII.)

C'est une chose digne de remarque que cet heureux rêve des utopistes ait toujours été l'idéal de tous ceux qui ont cherché le plus grand bonheur possible des hommes en état de société : Pythagore, Socrate, Platon, Aristote, Jésus-Christ, Thomas Morus. On le retrouve encore dans l'abbaye des Télémites de Rabelais. On l'aperçoit déjà dans la tradition mythologique du règne de Saturne, dit l'âge d'or.

La secte juive des *Esséniens* paraît être la première qui ait mis réellement en pratique la communauté des biens. Elle se divisait en deux branches : les uns qui se mêlaient au monde, les autres vivant dans la solitude pour se livrer à la contemplation. Josèphe parle ainsi des Esséniens que nous appellerons actifs pour les distinguer des contemplatifs : « Ils sont juifs de nation ;

vivent dans une union très-étroite et considèrent les voluptés comme des vices que l'on doit fuir, et la continence et la victoire sur ses passions comme des vertus que l'on ne saurait trop estimer.

« Ils rejettent le mariage, non qu'ils croient qu'il faille détruire la race des hommes, mais pour éviter l'intempérance... Ils méprisent les richesses. Toutes choses sont communes entre eux avec une égalité si admirable que, lorsque quelqu'un embrasse leur secte, il se dépouille de la propriété de ce qu'il possède pour vivre par un si heureux mélange tous ensemble comme frères. Ils ne changent d'habits que quand les leurs sont déchirés ou usés. Ils ne mangent ni ne boivent qu'autant qu'ils en ont besoin pour se nourrir. — Ils prennent un extrême soin de réprimer la colère, ils aiment la paix et gardent si inviolablement ce qu'ils promettent, que l'on peut ajouter plus de foi à leur simple parole qu'aux serments des autres. Ils considèrent même les serments comme des parjures, parce qu'ils ne peuvent se persuader qu'un homme ne soit pas un menteur lorsqu'il a besoin, pour être cru, de prendre Dieu à témoin. Ils ne reçoivent dans leur communauté ceux qui veulent embrasser leur manière de vivre qu'après trois ans d'épreuve. Ceux-là alors protestent solennellement d'honorer Dieu de tout leur cœur, d'observer la justice envers tous les hommes, de ne faire jamais volontairement de mal à personne quand même on le leur commanderait, d'avoir de l'aversion pour les méchants, d'assister de tout leur pouvoir les gens de bien, de garder la foi à tout le monde, particulièrement aux souverains, parce que ceux-ci tiennent leur puissance de Dieu.

« Ils observent plus religieusement le sabbat que nuls autres de tous les juifs, et non-seulement ils font la veille cuire leurs viandes pour n'être pas obligés dans ce jour de repos d'allumer du feu, mais ils n'osent pas même changer un vaisseau de place.

« La guerre que nous avons eue contre les Romains a fait voir en mille manières que leur courage est invincible. Ils ont souffert le fer et le feu et vu briser tous leurs os plutôt que de vouloir dire la moindre parole contre leur législateur, ni manger des viandes qui leur sont défendues.

« Ces mêmes Esséniens croient que leurs âmes sont immortelles et que les méchants qui s'imaginent de pouvoir cacher en ce monde leurs mauvaises actions, en sont punis en l'autre par des tourments éternels. Il y en a parmi eux qui se vantent de connaître les choses à venir tant par l'étude qu'ils font des livres saints et des anciennes prophéties que par le soin qu'ils prennent de se sanctifier. » (Josèphe, *Guerre des Juifs*, liv. II, ch. II. Traduct. d'Arnaud, vol. IV, p. 182, de l'édit. de 1668.)

« Ils attribuent et remettent toutes choses sans exception à la providence de

Dieu. » (D°, *Antiquités juives*, liv. XVIII, ch. II, p. 228.) « Entre eux, aucuns labourent la terre, les autres se mêlent de métiers qui servent à la paix, tous font plaisir à leur prochain comme à eux-mêmes et ne font point de trésor d'or ou d'argent. Ils usent de trois bornes et règles : l'amour de Dieu, l'amour de la vertu et l'amour des hommes. *De l'amour de Dieu* : ils en donnent infinis arguments et signes : demeurant chastes tout le temps de leur vie, ne jurant point, ne mentant point, estimant Dieu être auteur de tous les biens, et n'être cause d'aucun mal. *De l'amour de la vertu* : en ce qu'ils n'aiment point l'argent, la gloire, les honneurs ni la volupté; au contraire, embrassant patience, souffrance, charité, simplicité, facilité de vivre, humilité. *De l'amour des hommes :* parce qu'ils embrassent amitié, égalité qui est la meilleure vertu qu'on saurait dire et la communauté des biens. » (Philon, *Traité que tout homme de bien est libre*. Traduct. de Bellier, édit. de 1612, pages 794 et 96.)

Une secte comme celle-là qui bornait ses besoins au strict nécessaire, qui observait aussi rigoureusement la pauvreté, le travail manuel, l'humilité et le célibat, ne pouvait s'étendre beaucoup. Au moment où Josèphe en parlait, ils n'étaient pas plus de quatre mille. Ils disparaissent peu à peu, après la conquête de la Palestine par les Romains ; peut-être finirent-ils tous dans ces tourments qu'ils supportaient avec un courage si héroïque.

C'est à Philon que l'on doit de connaître les Esséniens contemplatifs ou thérapeutes (médecins, dans le sens de médecins des âmes). Philon, juif platonicien d'Alexandrie, parle de ceux qu'il a connus en Égypte : « Ils étaient établis aux environs du lac Mœris. Ils quittaient leurs frères, leurs femmes, leurs enfants, leurs père et mère et leurs biens, pour s'unir plus étroitement à Dieu. Ils vivaient en cénobites, séparés individuellement chacun dans son petit ermitage, mais assez rapprochés pour se réunir à certains jours et prier ensemble.

« Ils s'adonnaient constamment à la prière, à la méditation, et se livraient aux macérations monastiques. Ils ne mangeaient qu'une fois par jour après le soleil couché, et leur repas se composait de pain, de sel que les plus délicats assaisonnaient d'hysope. Les plus fervents passaient trois et même six jours sans prendre aucune nourriture. » (Philon, *De la vie contemplative.*)

Quelle chose bizarre que, dans toutes les religions et à toutes les époques, des hommes se soient imaginé qu'il pût être agréable à Dieu qu'ils ne mangeassent pas !

Ces principes, ces idées, cette manière de vivre et d'adorer Dieu sont tellement semblables à ceux adoptés par les chrétiens que l'on a confondu longtemps ces derniers avec les Esséniens thérapeutes. Les Pères de l'Église partagèrent cette erreur de prendre les thérapeutes pour des chrétiens. Mais que leurs modèles existassent avant Jésus-Christ, cela est attesté par l'histoire et n'est plus nié par personne (1) quoi qu'en ait pu dire le savant Montfaucon, qui a repris la thèse des Pères de l'Église dans sa traduction du livre *De la Vie contemplative* (in-12, 1709). On ne sait pas à quelle époque remonte leur secte, ni quel en fut le fondateur, mais leur existence est constatée du temps des Macchabées, 150 ans avant Jésus-Christ.

Josèphe, qui mourut l'an 95 de l'ère chrétienne, dit en parlant des Essé-

(1) Voyez le *Dictionnaire de la Bible*, de dom Calmet, et le *Dictionnaire théologique*, de Bergier, à l'article *Essénien*.

niens actifs que leur secte existait « depuis plusieurs siècles. » (*Antiquités juives*, liv. 10, ch. II, page 227.) Et Philon, contemporain de Caligula et de *saint Marc*, alors que les chrétiens existaient encore à peine, dit que les Esséniens thérapeutes « avaient des livres et commentaires *des Anciens, lesquels ont été les auteurs de leur secte* et ont laissé beaucoup d'œuvres où les saintes Écritures étaient expliquées par allégories. » (Traduct. de Bellier, p. 828.)

Il est clair que ce n'est pas des chrétiens du temps de *saint Marc* qu'on put dire qu'ils avaient « beaucoup de livres des anciens auteurs de leur secte ». La seule chose vraie, c'est que les Thérapeutes ont servi de modèles aux Cénobites et aux chrétiens.

Contrairement aux Esséniens, Jésus admet que Dieu a un fils, il accepte l'esclavage, car il n'a pas dit un seul mot pour le condamner, il n'est pas un rigoureux observateur du Sabbat, et il croit à la fin du monde prochaine ; mais hors de là il leur emprunte toutes leurs doctrines.

Comme eux il exalte la pauvreté, il flétrit la richesse, il veut qu'on ne se fasse pas de trésor d'or et d'argent, que l'on renonce au monde, aux biens et aux plaisirs de la terre, à toutes les affections temporelles, même à la famille :

« Celui qui ne hait pas son père et sa mère, sa femme et ses enfants, ses frères et ses sœurs n'est pas digne d'être mon disciple. » (Luc, ch. XIV, v. 25.)

Comme eux, il attribue toutes choses à la volonté de Dieu.

Comme eux il conseille le célibat, à l'opposé de la doctrine juive, qui faisait une sorte de déshonneur, pour les femmes, de mourir sans avoir été mariées.

Comme eux il se vante de connaître l'avenir, il défend de prêter aucun serment, il recommande le mépris des voluptés, la continence, la chasteté, qu'il garda toute sa vie, la paix, la patience, la charité, l'égalité, l'humilité.

Comme eux il se sépare de Moïse en soutenant contre les Saducéens l'immortalité de l'âme.

Comme eux, il enseigne que les méchants seront punis dans l'autre monde par des tourments éternels.

Comme eux il veut que l'on fasse plaisir à son prochain autant qu'à soi-même.

Comme les Thérapeutes et contemplatifs, il se retire dans des lieux écartés pour prier pendant des nuits entières, et il jeûne pendant de longs jours.

C'est du côté de ceux-ci particulièrement que vont ses inclinations :

« Je vous dis en vérité qu'entre tous ceux qui sont nés de femmes, il n'y en a pas de plus grand que Jean-Baptiste. Il est venu au monde ne mangeant ni ne buvant. » (Math., ch. II, v. 11 et 18.)

On sait encore le jugement de Jésus entre l'active Marthe qui s'occupe à tout préparer pour le recevoir et la contemplative Marie, qui se couche à ses pieds pour l'écouter et le regarder :

« Marie a choisi la meilleure part, elle ne lui sera point ôtée. » (Saint Luc, ch. II, v. 42.)

Il n'est pas moins constant qu'à l'instar des Esséniens, Jésus enseigna la communauté des biens, puisque « ceux qui croyaient, possédaient toutes choses en commun, etc. » (Voir plus haut, page 100.)

L'incrédulité des juifs opposés à la divinité de Jésus ne s'explique pas seulement parce que c'était à leurs yeux un sacrilége de donner un fils à Jéhovah, comme il osait le faire; il est permis de croire qu'elle se fonda aussi sur ce qu'ils ne lui entendaient prêcher que ce qu'ils voyaient pratiquer « depuis plusieurs siècles » par les Esséniens.

En somme aucun monument, il est vrai, ne permet de dire avec certitude que Jésus ait appartenu à la secte essénienne, mais on peut le présumer avec quelque assurance, car s'il n'enseigne pas tout ce qu'ils enseignaient, il n'enseigne rien qu'ils n'eussent enseigné et pratiqué. L'analogie de ses doctrines avec les leurs est trop profonde pour être accidentelle. On se confirme dans cette opinion en remarquant encore qu'il garda toujours à leur égard une réserve absolue. Il attaque toutes les sectes juives : les Pharisiens, les Samaritains, les Saducéens, mais il ne dit jamais un mot contre les Esséniens, dernier trait qui semble le rattacher indirectement à eux.

Tout porte à penser que Jean-Baptiste était aussi un Essénien contemplatif. Sa vie au désert était celle des juifs thérapeutes. La parfaite conformité de sa doctrine avec la leur et avec celle de Jésus prouve que les uns et les autres sortent d'une même souche.

Deux passages des *Actes des Apôtres* appuient cette supposition. « En ce même temps, un juif nommé Apollon, originaire d'Alexandrie, homme éloquent et puissant dans les Écritures, vint à Éphèse. Il était instruit dans la voie du Seigneur, il expliquait et enseignait exactement ce qui regardait Jésus, *quoiqu'il n'eût connaissance que du baptême de Jean.* Il commença donc à parler hardiment dans la synagogue. Et quand Priscille et Aquilas l'eurent ouï, ils le retirèrent chez eux et l'instruisirent plus amplement dans la voie de Dieu. » (*Actes*, ch. XVIII, v. 24 à 26.)

« Pendant qu'Apollon était à Corinthe, saint Paul vint à Éphèse où ayant trouvé *quelques disciples*, il leur dit : Avez-vous reçu le Saint-Esprit depuis que vous avez embrassé la foi ? Ils lui répondirent : *Nous n'avons pas seulement ouï dire qu'il y avait un Saint-Esprit*. Et il leur dit : Quel baptême avez-vous donc reçu ? Ils lui répondirent : Le baptême de Jean. Alors Paul leur dit : Jean a baptisé en disant au peuple qu'ils devaient croire en celui qui venait après lui, c'est-à-dire en Jésus. Ce qu'ayant entendu ils furent baptisés au nom du Seigneur Jésus. Ils étaient environ douze. » (*Actes*, ch. XIX, v. 1 à 7.)

Voilà donc douze hommes qui étaient si bien « dans la voie du Seigneur », c'est-à-dire qui pensaient si bien comme les apôtres qu'on les prend pour « des disciples », et cependant ils n'avaient jamais entendu dire « qu'il y eut un Saint-Esprit », ils ne savaient pas « qu'il fallût croire à Jésus, » ils n'avaient reçu que le baptême de *Jean*. Ils n'étaient en réalité que des *Baptistes* et non des chrétiens.

Saint Luc, l'auteur des *Actes*, dit qu'Apollon « enseignait ce qui regardait Jésus ». Cela peut seulement signifier que ses enseignements se rapprochaient de ceux des sectateurs de Jésus.

En effet, s'il avait réellement prêché

« ce qui regardait Jésus », il n'aurait pas ignoré la nécessité de son baptême, et les convertis de *saint Paul*, Priscille et Aquilas, n'auraient pas eu besoin de « l'instruire plus amplement ». Saint Paul appelle Priscille et Aquilas « ses compagnons d'œuvre en Jésus-Christ ». (*Rom.*, ch. XVI, v. 3.) Mais que pouvaient enseigner à un homme savant, Aquilas « un ouvrier en tentes » (*Actes*, ch. XVIII, v. 3), et Priscille sa femme, sinon que Jésus de Nazareth était « Fils de Dieu » ?

Certes, si Jésus avait professé une doctrine entièrement nouvelle et qui lui fût exclusivement propre, des baptistes d'Alexandrie et d'Éphèse, non encore initiés par les apôtres, ne se seraient pas trouvés posséder « la foi évangélique ». Les croyances de ces baptistes et celles des chrétiens étaient les mêmes au fond, quoiqu'ils ne se connussent pas, parce que la prédication de *Jean* et celle de *Jésus* ne contenaient que des doctrines et des sentiments semblables. Il est à supposer que des disciples de Jean, qui avaient passé à Éphèse et en Égypte avant que Jésus eût acquis un nom, y avaient répandu les doctrines du « Précurseur ».

L'histoire nous semble démontrer que Jésus ne fit que suivre le mouvement imprimé par *Jean*. Les apôtres l'avouent en dépit d'eux-mêmes. Ils ne donnent à celui qui baptisait dans le Jourdain et annonçait la fin du monde, le titre de précurseur de Jésus, que parce qu'ils ne veulent appeler Jésus son successeur. Mais ce mot précurseur signifie-t-il autre chose que créateur de l'École? Cratès fut le précurseur de Diogène.

Il existe encore en Perse une secte « qui se donne le titre de sectateurs de saint Jean. Ils reçoivent le baptême de saint Jean. Ils ne reconnaissent pas Jésus-Christ pour fils de Dieu, mais seulement pour prophète. Leur religion est un mélange de doctrines judaïques et chrétiennes. » Chardin, qui en parle ainsi, dit qu'on les appelle « sabis et chrétiens de saint Jean. » (*Voyages en Perse*, vol. VI. Édition de 1811, pages 137-143 et 145.) Les anciens sabis étaient disciples de Zoroastre. Cette secte a dû sortir des prédications de quelque disciple de Jean, et ce mélange d'idées judaïques et chétiennes, qui forme sa religion, nous paraît une preuve de plus que la doctrine de *Jean* était celle que Jésus adopta et dont saint Paul fit la doctrine chrétienne.

ABRAHAM

Dans la première partie de ce volume où nous traitons de la Famille, nous avons parlé d'Abraham le patriarche, le plus aimé du Dieu de la Bible, comme ayant été un mauvais mari et un mauvais père, comme ayant enfreint les lois fondamentales du respect de la Famille (page 17). Si peu de croyants lisent la Bible qu'il nous paraît utile pour justifier notre jugement auprès de nos lecteurs, de leur mettre les textes sous les yeux.

Dom Calmet, dans son superbe ouvrage : *Commentaires de la sainte Bible*, véritable trésor de science orthodoxe, dit : « *Dieu en racontant* (c'est Dieu lui-même, selon l'illustre bénédictin, qui raconte) : « Dieu en racontant les principales actions des patriarches, proposait à la nation des Hébreux de grands exemples de vertu dans la personne d'Abraham. »

Examinons avec révérence, mais librement, si cette opinion qui est aussi celle de toutes les églises chrétiennes, catholique ou protestante, peut se soutenir.

« Abram, lorsqu'il était prêt d'entrer en Égypte, dit à Sarah sa femme : Je sais que vous êtes belle, et quand les Égyptiens vous auront vue, ils diront : C'est la femme de cet homme-là, et ils me tueront et vous réserveront pour eux. Dites donc, je vous supplie, que vous êtes ma sœur, afin que ces gens-ci me traitent favorablement à cause de vous. » (*Genèse*, ch. XII, v. 11 à 13.) Ce qu'avait prévu Abram arriva. La belle Sarah est enlevée et menée à Pharaon. (D°, v. 15.) « Pharaon fit du bien à Abram à cause d'elle et Abram reçut des brebis, des bœufs, des ânes, des esclaves, des servantes, des ânesses et des chameaux. » (D°, v. 16.)

Que voyons-nous là? Le patriarche excite sa femme à faire un ignoble mensonge, il la livre comme « sa sœur » à la luxure de Pharaon, parce qu'il a peur qu'on ne le tue afin de s'emparer d'elle si l'on savait qu'elle est sa femme. Sarah, non moins corrompue que lui, ne proteste pas, elle ne dit pas : Puisque vous respectez les femmes mariées, sachez que je suis la femme de cet homme; elle se laisse enlever, elle se prête à une aussi honteuse spéculation, et voit, toujours silencieuse, son mari accepter des présents qui lui sont faits « à cause d'elle, » c'est-à-dire à cause de ses coupables complaisances. Que Sarah soit bien réellement entrée dans le lit de Pharaon, que le crime ait été consommé, nul doute, car le « Seigneur frappa de grandes plaies, Pharaon et sa maison, à cause de Sarah ». (D°, v. 17.)

Faisons remarquer, en passant, qu'il est difficile d'expliquer, d'après les idées de la justice humaine, pourquoi le prince est puni pendant que le patriarche qui l'a induit en tentation est récompensé. On ne comprend pas davantage pourquoi la maison du prince porte avec lui le châtiment de sa faute.

Y a-t-il un homme d'honneur et une femme d'honneur au monde qui feraient ce que font ici Abram et Sarah? Il faut bien l'avouer : si l'historien de la *Genèse* avait eu le sens moral, s'il avait compris l'abjection de ce qu'il racontait, il ne l'aurait pas raconté.

Rentré dans son pays, Abram a commerce avec Agar, une de ses esclaves, que Sarah restant stérile se charge de lui présenter « afin d'avoir des enfants d'elle! » (*Genèse*, ch. XVI, v. 1 à 4.)

Ismaël naît de ce commerce adultérin qui conduirait aujourd'hui les deux époux en police correctionnelle pour « excitation à la débauche ».

. . . .

Dieu alors leur apparaît « sous la forme de trois hommes » (ch. XVIII, v. 2), et leur annonce qu'ils auront un fils. « Sarah se mit à rire, car ils étaient tous deux fort avancés en âge, et ce qui arrive d'ordinaire aux femmes avait cessé à Sarah. » (D°, v. 10 et 11.) Que le lecteur nous pardonne, nous sommes obligé de citer textuellement, c'est de *l'Histoire sainte*.

A la suite de cette promesse, Abraham se rend à Gérara où il fait encore passer sa femme pour sa sœur. Bien qu'elle fût alors âgée de 90 ans (ch. XVII,

v. 17), elle inspire à Abimélech, le roi de Gerara, la même passion qu'à Pharaon, et il se la fait amener (ch. xx, v. 2). Cette fois heureusement, Dieu avertit Abimélech en songe qu'elle « a un mari. » (D°, v. 3.) « Je sais, lui dit-il dans ce songe, que vous l'avez enlevée avec un cœur simple, c'est pour cela que je vous ai préservé de la toucher. » (D°, v. 6.) L'historien de la *Genèse* nous montre en cette occasion Dieu professant qu'un homme peut enlever une femme pour ses plaisirs « avec un cœur simple » quand elle n'est pas mariée. Puis, voyez quel esprit d'équité ! Abimélech est épargné parce qu'il a péché par ignorance, tandis que Pharaon, qui n'a pas moins péché par ignorance, est puni comme un vrai coupable. Abimélech rend à Abraham sa femme telle qu'il l'a prise, mais non pas sans lui adresser de trop justes reproches. « Comment en avez-vous usé à notre égard ? Quel mal vous avais-je fait pour avoir voulu nous engager, moi et mon royaume, dans un si grand péché ? Vous avez fait ce qui ne se doit point faire ? » (D°, v. 9.) A quoi Abraham répond cyniquement : « C'est que j'ai dit en moi-même : Il n'y a peut-être pas de crainte de Dieu en ce pays, et ils me tueront pour avoir ma femme. » (D°, v. 11.)

Quiconque lira ces textes conviendra avec nous qu'Abraham est loin, en ces deux circonstances, de « donner un grand exemple de vertu ».

Sa conduite vis-à-vis d'Agar et d'Ismaël ne le présente pas sous un jour moins odieux. Cédant à la jalousie de Sarah, il chasse de sa maison la malheureuse esclave qu'il a rendue mère, et son fils. (Ch. XXI, v. 14.) Mais nous trouvons quelque chose de plus criminel encore à lui reprocher. Nous avons le droit de dire qu'il fut intentionnellement parricide. Ismaël une fois chassé, il rêve que Dieu lui demande « de lui offrir Isaac en holocauste » (ch. XXII, v. 2), et sur la foi d'un pareil rêve, il allait l'égorger de ses propres mains, quand un ange l'arrêta. « Il lia ensuite son fils Isaac et le mit sur le bois qu'il avait arrangé. Puis, il étendit la main et prit le couteau pour immoler son fils. Mais l'ange du Seigneur lui cria du ciel : « Ne mettez point la main sur « l'enfant; je connais maintenant que « vous craignez Dieu, puisque, pour l'a-

« mour de moi, vous n'avez pas refusé « de m'immoler votre fils unique. » (D°, v. 9 à 12.)

Fénelon fait, à propos du sacrifice d'Abraham, une réflexion qu'il est opportun de reproduire. Les saints de l'Assemblée nationale, prêtres et laïques, ont beau répéter qu'il n'y a pas de morale hors de l'*Écriture sainte*, Fénelon croyait « *très-dangereux* » de la mettre dans les mains de tout le monde. « Il faut avouer, disait-il, que le commun des hommes, dont l'esprit n'est pas subjugué par l'autorité des livres saints, est surpris de voir les prophètes commettre je ne sais combien d'actions qui paraissent indécentes ou insensées... Il est vrai que ces choses nous enseignent des vérités très-profondes, mais quand on n'est point accoutumé à ces grands mystères, n'est-on point étonné de voir Abraham qui veut égorger son fils unique, quoique Dieu le lui ait donné par miracle, en lui promettant que la postérité de cet enfant serait la bénédiction de l'univers ? » (Fénelon, *Lettre à l'évêque d'Arras sur la lecture de l'Écriture sainte en langue vulgaire.*)

Agamemnon nous fournit un exemple semblable de la cruauté des idées religieuses antiques. A lui aussi les dieux demandent le sacrifice de sa fille, mais il reste au poëte grec plus de sentiments humains qu'au poëte biblique : le roi d'Argos ne se charge pas lui-même de tuer sa fille, il se cache le visage en l'abandonnant au sacrificateur ; c'est avec déchirement qu'il obéit à l'ordre d'en haut; le patriarche prépare tout, lie froidement son fils sur l'autel, il prend le couteau, il n'a pas un moment d'émotion.

Ainsi, nul ne peut le contester, Abraham fut un possesseur d'esclaves, un menteur, un mari de la plus indigne lâcheté, un adultère, un père dénaturé.

Tel est l'homme, s'il fallait en croire la Bible, que Dieu aurait choisi entre tous pour en faire le premier dépositaire de sa parole, celui « dans le sein duquel dorment aujourd'hui les justes » en attendant le jugement dernier. Réfléchissez, interrogez votre conscience; est-il possible d'accepter ces histoires d'une époque barbare, comme une révélation de la justice divine et de la sagesse infinie?

L'auteur de la *Genèse* n'a pas même la moindre idée de la nature de Dieu. Il admet que « Dieu tenta Abraham » (ch. XXII, v. 1), il lui fait dire : « *Je connais maintenant* que vous me craignez, puisque pour m'obéir vous n'avez pas épargné votre fils. » (Ch. XXII, v. 2.) C'est là de l'anthropomorphisme le plus vulgaire. « Je connais maintenant », Dieu est éternel, il n'y a pas de *maintenant* pour lui; le passé, le présent et l'avenir sont un pour l'Éternel. Il est omniscient, il n'avait donc pas besoin d'épreuve pour « connaître » qu'Abraham le craignait : il le savait de toute éternité. « Dieu tenta Abraham! » voilà un véritable blasphème. Nous nous mettons pour prononcer cette sentence sous l'égide du *Nouveau Testament*. Saint Jacques dit dans son épître catholique : « Que nul ne dise lorsqu'il est tenté que c'est Dieu qui le tente : car Dieu est incapable d'être porté au mal ou d'y porter personne ». (Ch. I, v. 13.)

FIN.

TABLE

DES MATIÈRES

FIN DE LA TABLE.

Paris-Vaugirard. — Typ. N. Blanpain, 7, rue Jeanne.

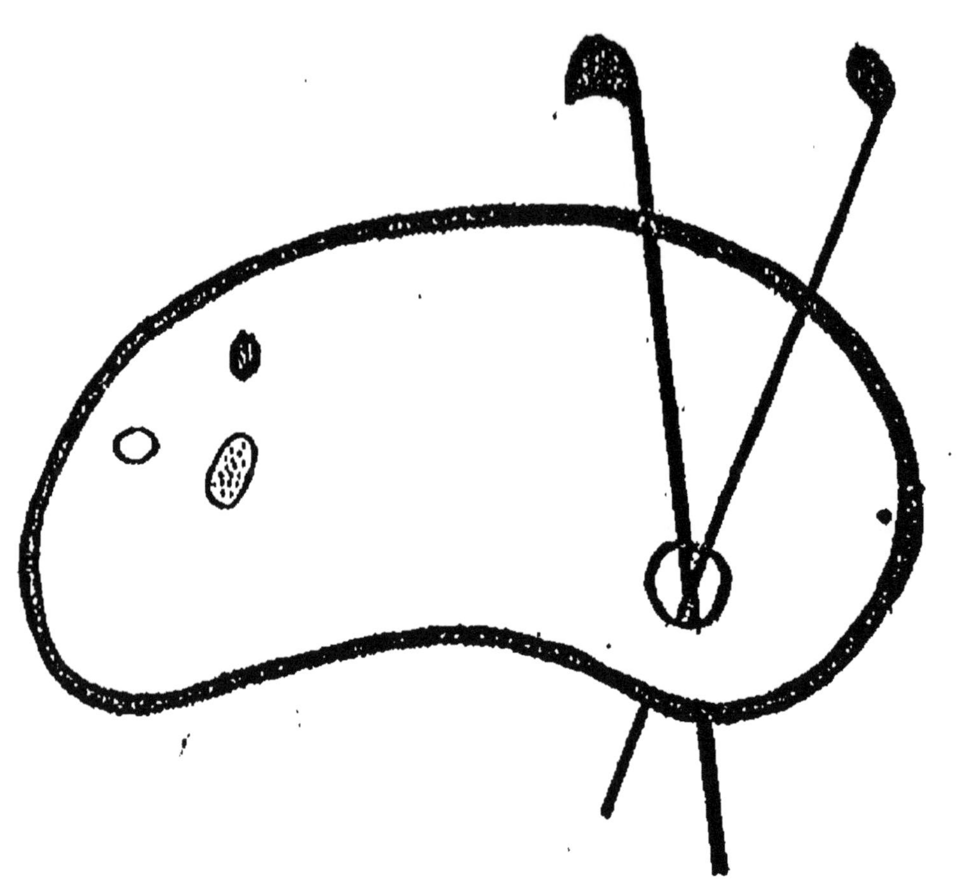

www.ingramcontent.com/pod-product-compliance
Ingram Content Group UK Ltd.
Pitfield, Milton Keynes, MK11 3LW, UK
UKHW012215240726
13966UKWH00003B/777

9 782012 835962